没有魔法般的学习方法

只有正确的学习方法

# 小学生高效学习法

[日] 国立拓治 著

李庄 译

小学生のうちに身につけたい！「勉強」のキホン

中国纺织出版社有限公司

原文书名：小学生のうちに身につけたい！「勉強」のキホン
原作者名：国立 拓治
Shogakuseino uchini Minitsuketai! 'Benkyo' no Kihon
Copyright © Takuji Kunitate 2019
All rights reserved.
First original Japanese edition published in 2019 by ASA Publishing
Co.,Ltd. Japan
Chinese (in simplified character only) translation rights arranged with
ASA Publishing Co.,Ltd. Japan.
through CREEK & RIVER Co., Ltd. and CREEK & RIVER
SHANGHAI Co., Ltd.
日版工作人员
Design by mika
著作权合同登记号：图字：01-2021-2359

## 图书在版编目（CIP）数据

小学生高效学习法 /（日）国立拓治著；李庄译
. --北京：中国纺织出版社有限公司，2021.9
ISBN 978-7-5180-8605-4

Ⅰ．①小… Ⅱ．①国…②李… Ⅲ．①小学生—学习
方法 Ⅳ．①G622.46

中国版本图书馆CIP数据核字（2021）第110430号

策划编辑：邢雅鑫　　　　责任编辑：闫　星
责任校对：高　涵　　　　责任印制：储志伟

中国纺织出版社有限公司出版发行
地址：北京市朝阳区百子湾东里A407号楼　邮政编码：100124
销售电话：010—67004422　传真：010—87155801
http：//www.c-textilep.com
中国纺织出版社天猫旗舰店
官方微博http://weibo.com/2119887771
天津千鹤文化传播有限公司　　各地新华书店经销
2021年9月第1版第1次印刷
开本：880×1230　1/32　印张：6
字数：67千字　定价：39.80元

　　小学生在学习过程中，肯定需要父母的帮助。

　　因为小学生尚未具备自主学习能力，如果父母放任不管，听之任之的话，大多数孩子只会对学习越来越一窍不通。

　　小升初入学考试也被称为"亲子考试"。因为小学生年龄较小，一个人不足以应对考试，如果得不到父母的帮助，他们在考试中也很难取得好成绩。

　　此外，就算某个家庭的孩子没有参加小升初入学考试，那这个家庭中也会有许多成功经验值得参考，例如：

　　父母和孩子一起背九九乘法表；

父母对孩子进行都道府县名称[1]的口头测试；

父母和孩子一起准备考试，最终取得好成绩。

无论孩子是否参加小升初考试，如果父母在孩子上小学时不管孩子，孩子也不理父母的话，亲子之间就不能形成一股合力，"学习"将成为一件令孩子头疼的事情。

一般来讲，孩子升入初中后的第二个学期，亲子共同努力的愉快时光将宣告结束。

因为这一时期，孩子们恰好进入青春期，心智不断地发育成长，开始出现脱离父母管控的想法。

在此之前，孩子会和父母一起学习，一起做所有的事情，但是进入青春期之后，孩子却不愿意再让父母插手自己的事情。

---

[1] 日本的行政区域划分，分为一都一道二府四十三县（东京都，北海道，大阪府，神奈川县等四十三县）。

　　孩子一点一滴的变化，父母都看在眼里，这会让他们觉得以前的欢乐时光像一场梦。

　　另外，孩子们进入初中之后面临着巨大的环境变化，比如学习强度突然加大，上课时间变长，开始参加社团活动，培养新的朋友关系等。其中，有的学生不能很好地融入初中生活，也有的学生为了学习而苦恼不堪。

　　这样的情况也被称为"初一冲击"。在孩子想要离开父母独立成长的时间节点上，正好遇上"初一冲击"。

　　在这一时期，无论家长多么想帮助孩子，孩子们都不会乖乖听话。

　　孩子无法适应初中生活，也根本不听家长的建议，家长因此感到束手无策……

　　所有的父母都不想让这样的事情发生。

　　为了避免"初一冲击"，家长应当提前做好力所能及的准备。只不过，只有当初中生活真正开始之后，孩子们才能够亲身体会社团活动和人际关系。

本书主要讲述的是**家长能做哪些准备**。孩子上小学六年级的时候，还会认真听父母的话，因此，父母应该抓住机会，提前为孩子进入初中后的学习做好准备。

各位读者，请允许我介绍一下自己。

我叫国立拓治，目前在日本爱知县经营一家培训机构——"樱花个别指导学院"（以下简称"本机构"）。

我想先介绍一下书中提及的三部分内容。其一，小学六年级时为初中学习做准备的必要性；其二，为什么小学六年级时可以为初中学习做准备；其三，相关的理由和依据。

第一，迄今为止，我已经教育过很多中小学生。

我从教至今已有20余年，教过的学生人数达2000

多名。

因为本机构会定期举行"三方面谈"❶，所以我已经见证过2000多个家庭奋斗的身影，也已经给2000多个家庭出谋划策了。

无论是在面对"初一冲击"而苦苦挣扎的孩子，还是因帮不了孩子而焦灼不堪的父母，他们都曾向我寻求建议。我也具备丰富的经验，去帮助他们共同寻找解决问题的途径。

第二，我一直面向中小学生和家长写博客，并且深耕于培训机构的博客领域。

本机构创办至今，我每天坚持写作博客，文章发布数量已经超过4000篇。10余年来，我通过博客，用各式各样的语言讲述教育心得，不仅吸引了日本全国各地中

---

❶ 学生、家长和老师的面谈。

小学生的父母，还有同行业的培训班，以及从美国、比利时、中国、印度尼西亚等世界各地回到日本的家庭前来咨询。

第三，我本身是个"学渣"，学习之路跌跌撞撞。

我上初中时，数学最令我头疼，考试只能得2分。

明明很努力，但是成绩不见任何起色，那种苦闷与心酸至今令我心痛不已。

正因为我学习之路并不顺畅，却也因此认清了一些事实。

其实，只有那些跌倒过，又爬起来的人才最能理解以下几个问题："我在哪里跌倒了？我为什么跌倒？我怎样才能不再跌倒？"

如果我能够帮助到正在面临"初一冲击"的学生或家长，我将备感荣幸。

基于以上三点原因，我将介绍从小学时期就应当培养的学习方法。

目前，本机构中也有进入初中之后学习吃力，位于中下游的学生，但是通过本书中的"樱花宝典"的指导，成绩有了明显提高。

"樱花宝典"是我基于长年累月的经验而总结的基本学习方法，很多偏差值❶为30或40的学生在这一方法的指导下，最终偏差值也能达到70。

"樱花宝典"本来是面向初中生的，但是我现在面向小学生作出调整，希望能够帮助小学生顺利融入初中，从而避免"初一冲击"。

本书的主要内容如下：

————————————

❶ 日本人对于学生智力、学力的一项计算公式值，[（个人成绩−平均成绩）/标准差]×10+50=偏差值。日本各个大学在录取学生时，常常以这次考试的标准偏差值衡量学生的学习能力，并且作为录取的重要标准。

第1章

## 升入初中前应当掌握的学习方法（基本篇）

没有魔法一样的学习方法，只有提高成绩的正确学习方法。

分为7个部分介绍"提高成绩的学习方法"，这是樱花学习法的精华。

第2章

## 升入初中前应当掌握的学习方法（应用篇）

只要学习方法正确，出题范围加大也不可怕。

介绍初中定期测验的3条应用原则。

第3章

## 5种最不可取的危险学习方法

无论花费多长时间，方法错了全部白费。

介绍错误的学习方法，引以为戒。

## 第4章

### 升入初中之前各个学科必须掌握的要点

无需理解全部知识，只需抓住要点即可。

小学生时间充裕，并且听父母的话，按照不同学科整理出值得花时间认真复习的要点。

## 第5章

### 家长提供学习支持时需要留心

成绩优异的孩子在家里得到的学习帮助有惊人的相似之处。

介绍家长帮助孩子学习的方法，这是我20年间从2000多个家庭身上总结出来的。

孩子进入初中之后，就逐渐不再听父母的话。在这个时间节点，孩子又会受到"初一冲击"。家长更应该赶在"初一冲击"来临之前，趁孩子现在还听父母的话，让孩子掌握"提高成绩的学习方法"。

# 第1章

升入初中前应当掌握的学习方法（基本篇） ‖001

# 目录

第2章

升入初中前应当掌握的学习方法（应用篇） ‖051

第3章

5种最不可取的危险学习方法　‖ 073

## 第5章
### 家长提供学习支持时需要留心　‖119

# 第1章

# 升入初中前应当掌握的学习方法（基本篇）

### ■ 写在前面

　　本章提到的学习方法并不是"魔法"，而是能够提高成绩的正确学习方法。

在学生们进入本机构学习之后，无论他们的年龄（学习）大小，我们首先会认真仔细地教授学习方法。

实际上，小学阶段的考试多以单元测验为主，即使学习方法不正确，大多数孩子也能取得不错的成绩。但是，升入初中之后，学习范围拓宽，学习方法的优劣会直接影响成绩的高低。

有些同学十分刻苦努力地学习，但是却苦苦挣扎于定期测验。出现这种情况，多半是学习方法出了问题。

因此，我希望孩子们能够培养正确的学习方法，以免进入初中后为学习苦苦发愁。

前段时间，我在网络上看到有学生在直播学习，我看完之后受到了巨大打击，如同晴天霹雳。

那种学习方法大错特错，是万万不可取的。

视频播放量已超过80万，直播的是考试前一天晚上临时抱佛脚的场景。视频中的学生一只手拿着手机听音乐，另一只手奋笔疾书，将教科书上的内容一字不落地抄写到笔记本上。

还有一个视频的播放量也已超过40万，学生将学校发的重点知识总结一字不落地抄写到笔记本上，以达到记忆的目的。

采取这种机械的学习方式，只不过是以学习为借口打发时间罢了，大脑丝毫不会运转。

我看完这样的学习视频，差点晕过去。我想告诫广大初中生，初中的学习和考试并不是这样的，如果条件允许的话，可以去辅导机构接受培训。

有些学生对待学习认真努力，意气风发并且乐在其中，但是他们肯定没意识到自己的学习方法存在问题。

我再次深深地感受到，很少有学生掌握提高成绩的正确学习方法，更不用说将其运用到学习当中。反而，很多学生一直采取错误的学习方法。

本章介绍的内容与本机构线下的辅导内容一致，将提高成绩的学习方法之基本原则分为7部分进行介绍。

这7项原则，都是简单易懂的内容。

不过，学生能否按照这7项简单原则进行学习，其结果的好坏将在成绩上体现出。

接下来，让我们一起掌握学习的7项基本原则吧。

**❖ 基本原则1**

# 课堂上认真听讲

一开始就是些老生常谈，各位读者肯定觉得很扫兴吧。

但是，这项原则十分重要，必须要特别强调。

## ◆ 认真听讲是学会学习的"大前提"

进入初中之后，不听课的学生逐渐增多。当进入青春期之后，这一数值还将继续增大。

上课时跟旁边同学说话，发呆想其他事情，在笔记本上乱写乱画，在课堂上打瞌睡……

甚至还有学生觉得不听讲十分"帅气"。

也有学生认为努力学习的样子真的很怂，还幻想着不学习也能取得高分，以此来炫耀自己。

那么，在这种情况下，大家认为他们能够在考试中取得高分吗？

如果真考得好，那才真是可笑！

那些看似没有努力却取得好成绩的学生，首先他们会在课堂上集中精力听讲。

甚至，他们会在自己家中等别人看不到的地方，运用正确的学习方法拼命学习，加倍努力。

**本书讲述的所有内容都建立在"认真听讲"这个大前提之上。**

换句话说，如果不认真听讲，下述内容也不成立。

家长应该在孩子上小学期间，就苦口婆心地教导他们认真听讲。

◆ 面谈时，家长需要问老师什么问题

为了让孩子们认真听讲，家长们应该做到以下两点：

第一，在学校举行面谈等活动时，家长都应该习惯性地询问老师以下几个问题：

**"我们家孩子上课认真听讲吗？有没有乱说话或者做其他事情呢？"**

为了避免学校老师隐瞒真实情况，家长也可以再次郑重地请求一下："如果说我们家孩子上课不认真听讲的话，麻烦您随时告诉我们一声，非常感谢您！"

第二，家长们在看成绩单的时候，应当**着重关注每个科目最上面的评价栏**。

这个评价栏会反映出孩子们的学习欲望，学习兴趣和学习态度，这一栏在小学和初中都是一样的。

请家长们总体浏览各个科目，确认评价栏中评语的好坏，是否出现学年越高评价却越差的现象。

如果出现不太好的评价，家长们可以在面谈会上咨询老师，孩子在课堂上表现如何。

此外，父母应该把从老师那边得到的信息反馈给孩子，让孩子知道父母也十分关心他们的课堂表现。

此外，也有必须回避的雷区。这种情况比较少见，但是值得注意。如果家长们在面谈时或者听孩子的转述之后，觉得老师的教育方式存在问题，或者不符合自己心意时，容易和孩子站在同一条战线，一起说老师的坏话，但是这些做法都是不可取的。

倾听孩子的心声，固然十分重要。但是，如果家长和孩子一起侮辱老师的话，生活在这种家庭中的孩子也不会取得好成绩。

××年度　第1学期

| 各科学习记录 | | | |
|---|---|---|---|
| 科目 | 各科学习纪要 | 状况 | 评定 |
| 语文 | 对语文科目抱有情趣，愿意主动思考并交流想法 | | |
| | 根据目的或场景的不同，能够适时地发言、听取、交流，并且加深自己的理解 | | |
| | 根据对象、目的或意图的不同，能够条理清晰地写文章，加深自己的看法和想法 | | |

续表

| 各科学习记录 | | | |
|---|---|---|---|
| 科目 | 各科学习纪要 | 状况 | 评定 |
| 语文 | 根据目的和意图的不同，阅读各种各样的文章，喜爱读书并且能丰富自己的想法 | | |
| | 喜爱传统的语言文化，理解语言特征，固定用法和汉字，并且能够又快又好地书写汉字 | | |
| 社会 | 关心社会现象，有目的地研究社会现象并且思考如何建立更好的社会 | | |
| | 多方面、多角度地考察社会现象，公正地判断社会现象，并且运用合适的方式展示其过程和结果 | | |
| | 从社会现象相关的资料中选取有用的信息并加以有效利用 | | |
| | 理解社会现象的意义、特色和相互联系，掌握相关知识 | | |
| 数学 | 关心数学现象，亲身感受数学活动的乐趣和数学的好处，加以活用并深入思考，自己判断 | | |
| | 利用数理思维来考察和展示数学现象，回顾过程中能够加深思考并掌握数学性看法和想法 | | |
| | 能够运用数量或图形展示和处理数学现象 | | |
| | 理解数量和图形相关的基础概念和法则，掌握相关知识 | | |

比学习方法更为重要的是学习态度。

如果家长教育孩子"不要相信老师的话"，那么老师自然也不会听家长的话。

如果孩子的态度就是如此，老师也不会愿意教授更多的知识。

即使家长对老师有些不放心，但还是需要严格教育孩子尊重老师，家长也应该给孩子树立榜样。

学校课堂是孩子们努力的领地，大人们帮不上忙。

**关于这块领地，家长们只能让孩子从小学时就开始努力，无论如何也要让孩子们集中于课堂。**

### ➡ 基本原则2

# 整理笔记

本机构中成绩不好的初中生都存在一个共同问题，他们在做题或者做练习的时候，总是写满密密麻麻的笔记。

我甚至猜想是不是因为有人给他们托梦，不做这么多笔记的话，笔记本就太浪费了。

**只要改正记笔记的坏习惯，学习正确记笔记的方法，大多数孩子的成绩都会有明显的提升。**

**记笔记的方法，十分重要。**

### ◆ 吝啬记笔记，成绩会下滑

那么，为什么狂记笔记的学生成绩却不理想呢？

列举以下三个理由：

日后翻看笔记时，看不清楚笔记内容；

内容记得不清晰，容易导致粗心犯错；

发现错题时，页面中没有改正错误的空间。

不少学生认为记笔记不是大事。而且，孩子在上学时多用网格本，升入初中之后开始用大学笔记本。

为了使孩子适应使用大学笔记本，应该在小学六年级时就开始让他们试着用一下。

最开始时，请给孩子准备行数较少、行间距较大的线圈本。

接下来，我将具体介绍记笔记的方法。

### ◆ 只需做到下面两条原则

在记练习题目的笔记时，我们会告诉学生两个小窍门。

窍门无需太多，太多的话连大人都记不住，何况中小学生呢？如果以制作精美的笔记为目标的话，未免有些本末倒置。

很多孩子可能在理解上出现偏差，但是**"整理笔记"和"制作精美的笔记"是两码事。**

孜孜不倦记笔记的学生并不善于学习。（后续针对这一点会做详细说明）

### 1.问题和问题中间空一行

只需将问题和问题中间空一行，笔记更加清晰且不易看错行。

可以标注圆圈符号，以便后续解答修正，同时也需预留出大量空白。

这项工作看似不起眼，实则作用巨大。

### 2.标记日期和问题相关信息

为了日后翻阅笔记时能够轻松获取相关内容，应该提前标注日期和问题信息。

简明扼要地写清楚"哪本练习册""第几页""什么问题"。

这条做笔记的技巧适用于所有科目。

小学期间，首先可以通过语文和数学两个科目去掌握做笔记的技巧。请参考第17~19页的例子。

## ◆课堂笔记的记法基本相同

上述"整理笔记的记法"是针对做练习的，但是课堂笔记的记法基本相同。

记录笔记时留出一行空白，记录老师上课时讲的重要内容以及课堂上不太理解的内容，日后复习时方便记录。笔记清晰整洁，便于复习。

记录日期和问题相关信息

Date 11.23

练习

森林 P102

1

(1)  A        B        C

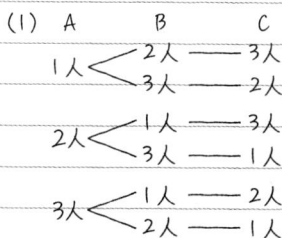

6 种解法

(2)  A        B        C        D

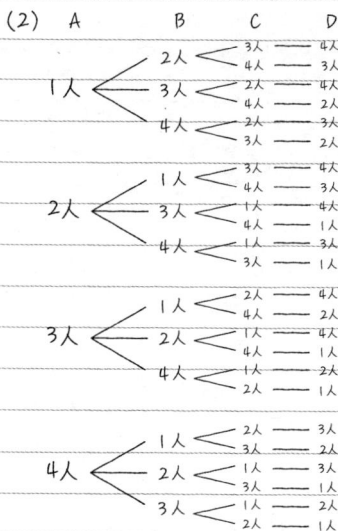

24 种解法

Date 11.23

(3) 进了　没进

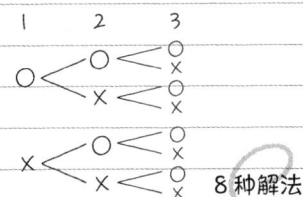

8 种解法

12-2 练一练　　　　　森林 P105

1 (1)①B,C,D,E　②A 组和 C 组
　　③I　④10 种解法

（2）　5 种解法

| 红 | 黄 | 绿 | 蓝 | 白 |
|---|---|---|---|---|
| X |  |  |  |  |
|  | X |  |  |  |
|  |  | X |  |  |
|  |  |  | X |  |
|  |  |  |  | X |

（2）重解

整体考虑

| 红 | 黄 | 绿 | 蓝 | 白 |
|---|---|---|---|---|
| ○ |  | ○ |  |  |
| ○ | ○ |  |  |  |
| ○ |  |  | ○ |  |
| ○ |  |  |  | ○ |
|  | ○ | ○ |  |  |
|  | ○ |  |  | ○ |
|  |  | ○ | ○ |  |
|  |  | ○ |  | ○ |
|  | ○ |  | ○ |  |
|  |  |  | ○ | ○ |

10 种解法

（3）　5 种解法

| 贴糖 | 曲奇 | 奶糖 | 巧克力 | 丸子 |
|---|---|---|---|---|
| X |  |  |  |  |
|  | X |  |  |  |
|  |  | X |  |  |
|  |  |  | X |  |
|  |  |  |  | X |

留出重新解题的空白区域

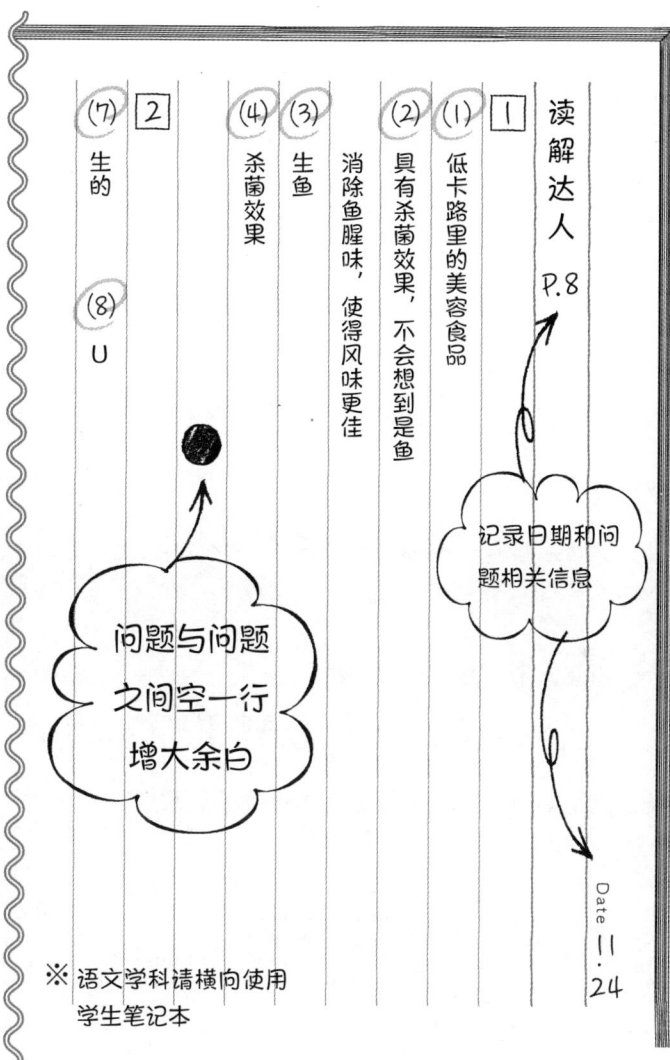

※语文学科请横向使用
学生笔记本

读解达人 P.8

1

(1) 低卡路里的美容食品

(2) 具有杀菌效果，不会想到是鱼

记录日期和问题相关信息

Date 11.24

(3) 生鱼

(4) 杀菌效果

消除鱼腥味，使得风味更佳

2

(7) 生的

(8) U

问题与问题之间空一行增大余白

➡ 基本原则3

## 正确"记忆"

各位读者，你们觉得初中以后的学习方法中，最重要的是什么？

实际上只有**"记忆"**和**"解题"**两点。

如此说来，是否过于简单呢？

家长对此感到十分震惊，就像听到"认真听课"一样，但是学习好的孩子就完美地做到了这两点。

学习最基本的就是要学会"记忆"。

## ◆ 秘诀是"短"和"快"

越是成绩不好的孩子，花在记忆上的时间越多。

为什么会这样？因为他们在假装学习，单纯的记忆性学习十分轻松。

**当然，"记忆"是一件十分重要且必须要做的事情。**

只不过，正因如此，"记忆"也在"多重意义"上成为了孩子逃避学习的借口。

如果只进行记忆性学习，就感受不到不会做题的压力，就算意识不到自己的薄弱环节也能得过且过。

不仅如此，只是长时间盯着课本看，或者只是照抄课本，也能营造出一种正在学习的假象。

这样做的确十分轻松，但是不会切实提高学习实力。

不过，学习好的学生在解题上花费很长时间，几乎不怎么花时间去记忆。

因为学习好的学生十分清楚需要**在解题过程中进行查缺补漏，将掌握得不牢固的知识点一并记忆**。

众所周知，美国普渡大学的博士生研究结果显示，**相对于输入来说，大脑更加注重输出**。

因此，学生们应当尽量减少大脑输入的时间，即记忆时间。

### ◆ 高效记忆方法是什么

接下来，我具体介绍一下记忆方法：

**1.先读先看再记忆**

如果对孩子说"试着记一下吧"，那么他们大概率会在笔记本上将内容抄写一遍。

而且，无论这句话他们是否记住，都会在笔记上重复写好多遍。

有时候，这种方法确实有用。但是，大多数情况下，这种方法效率低下，白白浪费时间。

**"先读先看再记忆"这种方法的效率要高得多。**

记忆汉字的时候，按照"说出来，读出来，然后写下来"的顺序，效率会更高。

进入初中之后，学习的基本做法也是**"先读再记忆"**，这在小学六年级时就应该养成习惯。

### 2.在规定时间内记忆

在记东西时，规定5分钟或10分钟的时间限制。

根据记忆内容的多少，调整时间长短。

## 练一练

本次练习的内容是记忆"日本都道府县的名称和位置"。

这虽然是（日本）小学六年级的内容，但是千万不要掉以轻心。

对于日本初中生来说，记忆日本都道府县的名称和位置是必须的，并且这会使他们一生受益匪浅。

请父母和孩子一起挑战吧！

（1）准备用品。

（2）地图（在相应都道府县位置上已标注好名称的地图，在相应都道府县位置上只标注序号的地图）。

（3）计时器（具备计时功能即可，手机也可）。

在一个名为"小学生学习网"❶的网站上，可以免费

---

❶ 原文为"ちびむすドリル"。

下载"地图"等学习资料。

准备就绪之后，就可以开始记忆啦。

首先，浏览标有都道府县名称的地图，从北海道至关东甲越地区，按照由北至南的顺序记忆。

5分钟之后，让孩子看着只标有序号的地图进行口头测试，看看孩子能记住多少名称。

家长向孩子提问时，按照序号标注的顺序即可。在回答错误的名称处做好标记。在第一次口头测试结束之后，再设定5分钟时间，让孩子们继续记忆还没记住的都道府县名称。

通过设定时间限制，以一种玩游戏的感觉让孩子们理解记忆的根本，如果孩子们感到"相比于边写边记来说，这种方式好玩多了！""没有记住的地方，重新记忆的感觉太棒了"，那么预期目标就达成了。

同时，最好也能让孩子们知道"做练习时，错误百出也无所谓""最终能做出来就可以"。

在孩子能够完整说出都道府县名称之后，最后还要确认一下他们是否能写对汉字。

如果孩子们已经完全记住日本都道府县之后，还可以让他们挑战一下记忆"世界各国名称与位置"。

在"小学生学习网"上也可以下载世界地图。

## ◆ "汉字和词汇"以及"英语单词"的记忆方法是例外

如上文所述，一般来说，"先读先看再记忆"的方法效率极高，但是也有例外，那就是"汉字和词汇"和"英语单词"。

想必小学生们已经习惯于用汉字字帖来学习汉字。

但是，这种书写记忆型学习方式并不可取，孩子们一旦放松就会变成"不想记忆的抄写机器"。

疲于学习的学生大多会进行一种机械化学习。

为了不让学生们白白浪费时间，需要在记忆汉字之后，再确认一下是否记住了整个单词。

举个例子，在记忆"学习"这个单词时，首先一边默念"xué xí, xué xí"，然后手写4遍，在写第5遍的时候用手盖住前面4遍书写的汉字。

在自我测试时，首先做一个"迷你测试"，即在什么都不看的情况下默写。

通过这样的方式，孩子们的精力集中于整个单词，更有利于记忆。

我十分推荐迷你测试，尤其是在记忆汉字、词语，以及英语单词时。

接下来，在检查记忆状况时，一定要用一个学习专用笔记本，不要用广告纸背面等废纸。

此外，如果是会写的字，即使写错了也不要再重复书写。

因为书写已经会写的东西，只是白白浪费时间。

❖ **基本原则4**

# 正确解题

现在开始，正式进入解题说明。

如前文所述，**学习好的学生在"解题"这个环节花费的时间最长。**

让我们一起掌握能够提高成绩的"解题方法"吧。

◆ 提高成绩的解题方法是什么

为了能够掌握提高成绩的解题方法，需要使用教材配套习题进行练习。

做大量的习题在一定程度上可以提高解题能力，但真正重要的是做完题后的思考，对练习题涉及的知识点的归纳与总结。

除了教材配套的习题，很多家长还会为孩子购买相关的练习册，要注意选用内容编排明了易懂、答案解析详细的练习册，这样孩子用起来便会十分方便。

首先，我将介绍易于实践的背诵型科目——社会的解题方法，大家按照该方法进行解题。熟练掌握之后，可以将该方法运用到其他科目当中。

**1.独立解题，不看教科书和参考书**

这也是老生常谈，但是在解答问题时，一定要独立解题。

**2.一页一页地做标记**

做标记时，一定要一页一页地细致化标记。

当我对本机构的学生（初中生）提出"一页一页做标记"的要求时，他们总会问道：

"这是为什么呢？"

究竟为什么"一页一页做标记"比较好呢？

（1）如果将好几页问题整合起来标记的话，可能会忘记前面问题的解题方法。

（2）如果好多错题堆积在一起，就不会再想重新解答。学生会变成一个"只会做标记的机器"。

（3）清楚细致地写明白"会的内容"和"不会的内容"，就能够避免"不会的问题一直不会"。

我这样向学生们解释，他们会立刻明白并且表示赞同。

但是，这样的做法却迟迟没有坚持下来。

**"一页一页做标记"是必须掌握的学习技巧。**

在孩子上小学时，家长应该帮助孩子"一页一页做笔记"，为孩子树立一个榜样。

提早让孩子们养成这种学习习惯，等他们进入初中之后，独立学习时也能继续这种习惯。

### 3.标记错题

如果出现错题，必须在练习册的相应位置做标记。

标记会提示学生哪类问题做错了，这也是推动学习进步的重要一环。

因为学生可以根据标记信息，重新解题，从而能更加深入地理解问题。

如果直接写在练习册上，那么在做题时看到就会明白，但是在笔记本上做题时，不加标注是不会明白的。

具体来说，需要在练习册的问题序号前面打勾。

第一次做错的题目用红色笔标记，第二次做错的用蓝色笔。

### 4.正确率低于50%的重新记忆知识点

认真做完练习之后，看看正确率是多少。

如果正确率低于50%，需要重新记忆相应单元的内容。正确率不到一半的话，说明对基础知识的理解不到位。

如果正确率达到60%，只需要重新记忆错误的知识点即可。

重新记忆知识点之后，可以再次挑战之前不会做的题目。

◆ 基本原则5

# 重新正确解题

前文已经详细叙述"记忆"和"解题"的具体方法，接下来我将针对"重新正确解题"进行细致说明。

**所谓学习，就是"从不会到会"的一个过程。**

即使是背过的东西，解出来的题，过一段时间之后还是会忘记。人在学习时就是如此。

此外，如果不确定是否真的"记住了""会做了"，那意味着花费的大把时间就全部浪费了。

为了不使上述情况发生，"重新正确解题"这一环显得尤为重要。

## ◆ 题目不能只做一遍

**只有第二遍做练习时，才能体会到解题的意义。**

**因为学习就是"从不会到会"的过程。**如果不重做错题，就称不上是学习。

因此，必须在反复做练习的基础上再去参加一次模拟考试。

接下来，我将介绍三种方法，以便于反复解题。

### 方法1 在笔记本上解题

最简单的方法就是在"笔记本上解题"。

只需要笔记本就可以。

只要有笔记本，就能不断练习。

这种方法一直以来备受称赞。

但是这个方法存在一个缺点，因为没有直接在练习册上解答，所以不能总体浏览做题状况，总结错题倾向等。

### 方法2　使用橙色和粉色的圆珠笔

这种方法是用橙色圆珠笔直接在练习册上做题。

如果用粉色圆珠笔做标记的话，用红色胶带覆盖在页面上，书写的文字将会全部消失。

利用红色胶带，就能够多次做练习。

解题时可以用可擦圆珠笔，即使写错了也没关系。

这个方法也存在缺点，对于意志力薄弱或完美主义的孩子来说，在第二遍做练习时会把红色胶带挪开，偷瞄答案之后再解答。

### 方法3　多买几本相同的教材或进行复印

最后一种方法是发挥金钱的作用。

多买几本相同教材，或者复印教材。

第二次做练习时使用新教材或者复印的教材，那么就不会被第一次练习时记录的内容所影响。

而且，在做完标记之后，大体浏览之后能够总结错题倾向等问题。

不仅如此，学生们在第二次做练习时，再次大体浏览，便能明显感受答题正确率的提升，会做的题目也不断增加。

最后只需要在问题旁边写上答案就可以，做练习也会轻松许多。

这个方法好处多多，但是也存在一定弊端。

如果想要购入多本教材的话，那仅限于市面在售的教材。而复印教材的话，非常浪费时间。

无论哪种方式都浪费钱。


这三种方法都是利弊共存的，综合分析来看，我最推荐大家采用第一种方法，即"在笔记本上解题"。

此外，大家可以根据具体情况、个人偏好和科目选择不同的方法。


### ◆ 专注于一本书

近来，有一家名为"武田塾"的高考补习学校势如破竹，在日本全国范围内开办多家分校。

"武田塾"最有名的教育理念是"无需上课，培养学生的自主学习能力"，其宣传语"将一本书做到极致"也体现出不同的教育理念。

这揭示出一个既简单又重要的学习方法，专注于做一本书，期间不再用其他书。

"**专注于一本书**"，这样的理念十分适合中学生的学习。

越是学习不好的学生，越想着去做其他练习题。

因为他们总是幻想着，肯定会有一本教材能够帮助他们飞速提高成绩。

但是，这实际上是不存在的。

第一本书都没有做完，又去做第二本，只会得到相同的结果。

在孩子还上小学期间，家长就应该灌输"**专注于一本书**"的学习理念。

小学阶段，我还是推荐使用前文提到过的"教材配套练习"，以此来培养"专注于一本书"的习惯。

我们的目的是使孩子们进入初中之后，能够完美应对学校分发的各式各样的教材。

◆ 基本原则6

## 不懂就查

前文提到的学习流程是记忆→解题→重新解题。

接下来，我将针对"重新解题"中的"查找"，进行详细说明。

### ◆ 学会独立检索

目前为止，如果孩子们在学习时发出求救信号"我不会做"的话，家长会如何应对呢？

孩子读小学时，问题都比较简单。只要一向父母求助，父母虽然无奈，但还是会手把手地教孩子。

不过，随着孩子们学年升高，学习内容难度不断加大，家长能够当即解答的问题也越来越少。

总有一天，家长们也会对题目束手无策。

举一个偏激的例子：一直以来，野兽接受投喂才逐渐长大，但是将它们放逐自然的话，不久后就会饿死，因为它们不知道如何捕猎。

同样的事情正在孩子们身上上演。

在那天来临之前，家长就应当做好准备，就算孩子不会做题，也要让他们试着自主解决。

### ◆ 检索的3个秘诀

最基本的是查找教材，教材上没有的话，可以上网检索。随着互联网的普及，培训班学生向老师提问的次数也在下降。

以前，我们会记录下当时不会的问题，通过查资料或者询问其他老师之后再解答，但是现在，可以直接上网检索答案。

全世界的人的问题几乎都是一样的。

大多数问题的答案都挂在网上，只需检索一下就能解决问题。

只要掌握了利用网络进行检索的秘诀，孩子们就能自主解决大多数问题。

但是，网络上也存在一些妨碍学习的诱惑因素，关于其对策将在后文详细叙述。在此，先介绍检索的3个秘诀。

**秘诀1 "检索关键词"**

这是最基本的检索秘诀。选取几个检索事项的关键词，将其输入检索栏，注意关键词之间留出空格。

比如说，想要查找推荐的英语辅导书的时候，可以在检索中输入"初中生 英语 参考书 推荐"。

按照这四个关键词进行检索的话，会弹出包含这些词汇的页面。

**秘诀2 "检索黑板是什么"**

如果想要检索"黑板"这个词语的话，可以在输入框中输入"黑板是什么"。

把"是什么"接在想要检索的词汇之后，就会弹出包含这个词汇说明的网页。

### 秘诀3 题干检索

当遇到有疑问的数学或者理科问题时，大多数学生反应都是一样的："这道题应该怎么做？"

因此，学生只需要输入题干开头的几个字，直接检索即可。

然后，就会弹出包含题目解法的网页。

孩子升入六年级之后，当他们再向家长发出"不会做题"的求助信号时，家长们应该第一时间回复："你先自己去查查课本，或者上网找一下，如果还不会的话，我们再一起解决。"

→ 基本原则7

# 检索后依旧不懂，再提问

◆ 记忆→解题→重新解题→检索

关于上述4种学习方法，孩子刚开始需要父母的帮助，但是习惯之后，便完全可以自主实施。

不过，接下来要说的"提问"，单靠一个人不可能完成，而且有些孩子要经过一番挣扎才能学会提问。

不仅限于学习方面，一个人做事情总归是有局限性。

**如果你能够完美借助周围人的力量，并且打破这样的局限性，那么你就能不断取得新的成就。**

首先，家长应该培养一个在自己的帮助下学会提问的孩子。

◆ 家长的第一反应应该是："你先自己试着检索一下。"

这句话前文已经提到过。

当孩子问问题时，家长的第一反应应该是"你先自己去查查课本，或者上网找一下，如果还不会的话，我们再一起解决"。

如果，题目附有答案解析的话，家长可以说："你看过解析了吗？如果你看过了还不会的话，可以告诉我哪里不懂，我们一起想想看。"

相比于自己查资料、自己理解来说，直接询问别人要轻松得多。

但是，如同前文提到的，一遇到问题就去询问别人，对自己毫无益处，并且这些知识也不会内化为自己的东西。

只有父母可以随时随地且无条件地帮助孩子。

父母应该教育孩子养成这样的习惯，在紧要时刻，想要寻求别人帮助时，至少应该先把力所能及的事情做完，之后再开口求助。

### ◆ "敢于提问的你太棒了"

对孩子来说，"问别人问题"这件事是非常不好意思的，他们的羞涩程度超出父母的想象。

我记得我小时候去问别人问题时，会一直想"如果他认为我这么简单的问题也不会，该怎么办呀"。

还有的时候，对方以为我会懂，于是语速很快地向我解释，但是我听到一半就听不懂了。

学生不想辜负老师的期望，于是会摆出一副不懂装懂的样子。

我上小学时是比较外向开朗的，但是就连我，也不禁这样想。

而那些本身心思细腻的学生应该更会这样想吧。

他们可能会想一些更深的东西，例如，"因为不想被别人说这么简单的问题你也不会？所以我虽然想问问题，却问不出口"，"如果学习就要留下如此不好的回忆，那么宁肯不学"等。

为了避免让孩子产生这种心理，家长需要给孩子做心理建设，让孩子们知道**"不懂就问是一件好事"**，**"自己查阅资料之后还是不懂的问题，一定要试着不停地去问别人"**。

具体来说，孩子提问的时候，家长首先要表扬孩子敢于提问这件事情。

我希望家长能够让孩子感受到**提问是一件很棒的事情，也是努力的象征，一定要给予孩子正向反馈**。

像是"真是个好问题！""这个问题厉害了"之类的口语表达也没关系。

我也希望家长能够无条件地对孩子表示赞赏："敢于提问的你真是太棒了！"

而且首先要对于提问内容夸赞"这是个好问题""这是

个有趣的问题"等，即使是一个很简单的问题，也要先夸赞孩子一番。

**一次提问，得到两次表扬。**一次是表扬"提问这个行为"，一次是表扬"提问内容"，如果这样的表扬在家里不断重复，那么孩子就会养成"提问是件好事"这种心理。

孩子习惯之后，也会掌握检索的方法，就不会再问低级的问题了。反过来，如果孩子一有问题就问的话，家长首先需要指出这种做法不对，并告诉孩子自己应该先努力去查，不明白的话再去问别人。

在我上大学的时候，有一位教英语会话的美国外教，经常在课堂上用英语说脑筋急转弯。这位老师对答错的同学都会说同样的一句话："你回答得很好，但是不对。"

为什么我至今对这个短句记忆犹新？

因为他无论是听到什么答案，首先都会对这个答案表示赞赏，"你回答得真棒"，这是典型的美国式回应。

正是因为有外教的正向激励，所以同学们在课堂上十分踊跃，一一解答出外教的提问。

我也想像这位美国外教一样，持续激励勇于提问的学生，并且培养他们热爱提问的习惯。

前面已经提到提问之前最基本的礼仪和提问心态的重要性。

孩子只要掌握了这两点，在学校里就能够轻松得到老师的帮助。

老师的职责就是教书育人，他们不可能不喜欢努力学习的学生。

# 学习方法之
# 7 项基本原则

**【基本原则 1】**

课堂上认真听讲

▷ 家长在学校面谈时确认

▷ 确认成绩单各个科目最上方的评语栏

**【基本原则 2】**

整理笔记

▷ 问题与问题中间隔开一行

▷ 记录日期和问题情况

**【基本原则 3】**

正确"记忆"

▷ "又短""又快"是基本

▷ 先读再记忆

▷ 设定 5 ~ 10 分钟的时间限制

▷ 学习汉字、词语和英语单词时进行"迷你测试"

## 基本原则 4

正确解题

> ▷ 不看教科书和参考书解题
> ▷ 一页一页做标记
> ▷ 错题旁边做记号
> ▷ 正确率不达 50% 时重新记忆知识点

**推荐教材**

使用教科书配套教材

## 基本原则 5

重新正确解题

> ▷ 专注做完一本书

## 基本原则 6

不懂就查

> ▷ 首先自己查阅资料
> ▷ 养成先查教材再查网络的习惯

## 基本原则 7

检索后依归不懂，再提问

> ▷ 第一反应"首先自己试着查一下"
> ▷ 对提问这件事本身表示赞赏

第 2 章

# 升入初中前应当掌握的学习方法

（应用篇）

## ■ 写在前面

只要学习方法正确，出题范围加大也不可怕。

在第1章中，我们介绍了7条基本学习原则。

在第2章中，我们将针对范围更广的测验（初中生的定期测验），介绍与学习相关的3条应用原则。

在小学阶段，孩子们几乎没有接受过范围较广的考试。

因此，如果孩子没有哥哥姐姐的话，那么对于本章所讲的内容可能一时反应不过来。

但是，以下所讲都是孩子升入初中之后会立即接触的内容。

此外，应该如何将7条基本原则与"应用"相结合呢？请各位作为预习，来阅读以下内容。

在本章的最后，我也会介绍小学生练习本章内容的方法，请各位一同参考，并运用到实际学习当中。

**➤ 应用原则1**

# 反复练习，追求"完成度"和"速度"

如果把第1章讲的学习方法比作踢足球的话，那等同于是运球、传球、射门的基本功。

希望球员能够在比赛中下意识地组合运用这些技巧，以便更快、更准地进球得分。

学习也是如此，只有更快、更准、更果断地解出题目，才有可能取得高分。

掌握7项基本原则之后，接下来应该追求更快、更准、更果断地解题。

## ◆ 第二遍做练习才决胜负

在基本原则5中已经介绍过"专注做完一本书"。

在应用篇当中，我将更加细致地介绍如何才能做完一本书。

### 1.首先，不管怎样先做完第一遍练习

第一遍解题时，题目分为会做的题和不会做的题，这样一来，学生们站在了学习的起跑线上。

为了让自己有所收获，需要重解错题，查阅资料，进行提问，把不会的问题彻底搞懂。

### 2.第二遍把所有问题重新做一遍

请完整地把题目再做一遍。

因为就算是第一遍时会做的题目，也很难说已经完全掌握。

第二遍做题时，一定要追求**更快、更准、更果断**地解出题目。

请留心确认是否能够**完整**解题，能够**果断**地做对**题目**。

### 3.第三遍时只做错题

至此，题目已经做完两遍。如果做题方法没有太大问题的话，错误率应该有所下降。

第三遍时，只需要重点突破前两遍做错的题目即可。

如果时间允许的话，可以重复练习错题，直到将错题完全击破。

换句话说，只要时间充裕的话，可以把第一遍时做错的题目全部做一遍。

当练习结束时，错题也都已经被消化了。

或者说，已经达到了自己的目标正确率。

### ◆ 选择符合自己水平的习题

我曾经说过：专注做完一本书，但是这并不意味着初中生需要会做书中所有的题目。

我所说的"做完"，指的是学生达到跟自身水平相适应的正确率即可。根据学生的个人水平，没有必要做对所有题目。

理由只有一个，如果目标定得过高的话，那么会严重打击孩子的积极性。为了达成过高的目标，只会徒增孩子们失败的经验，从而使他们的干劲慢慢消退。

如果一个学生能在初中第一次定期测验中取得80分以上的成绩，那么请鼓励他做完所有题目。

但是，如果一个学生的得分在50分左右徘徊时，让他做完全部题目是不合适的，只需制订一个适合他的目标即可。

估算练习题正确率的方法有些复杂，一般来说，考试的理想分数加上20，再换成百分数即可。

例如，如果想在考试中得80分的话，再加上20就是100，所以练习题的正确率应该达到100%。

反过来讲，如果目标分数加上20也不够100的话，说明做练习时允许有错题。

这样一来，孩子可以直接跳过每个单元后半部分的应用题。

如果目标分数是50分的话，那么正确率达到70%就可以。

请家长告诉孩子，如果难解的应用题占比不超过30%的话，那么可以直接跳过这些题目，先做后面的题目即可。

"不全部做完，真的没关系吗？"

不管怎么说，孩子可能更加担心。

这时候，家长可以回答："真的没关系，如果你想挑战这些题目的话，还是先把手头的题目做到完美吧。"

如果孩子完成了相应分数的正确率的话，这本练习册就完成任务了。

接下来可以挑战其他练习册。

请按照同样的做题模式去做新的练习册。

❖ 应用原则2

# 考试复习，3分记忆7分解题

距离初中定期测验还有两周，最理想的学习方法是什么？应该怎么分配学习时间呢？

最理想的是30%的时间用来记忆，70%的时间用来解题。

大家可能会想：不背知识点也没关系吗？或者是只解题可以吗？

◆ 临近考试时应该做什么

成绩优异的学生通常是按照3：7的时间分配来复习考试。

再用足球来打一个比方。

平时训练时，球员通过跑步或者锻炼肌肉等方式来增强基本体能，提前做好运球、传球、射门等有技术含量的训练，接下来再进行正式赛前的模拟比赛。

球员们会再次练习模拟赛中发挥不好的项目，然后再进行模拟赛，再次调整。通过这样的流程，来做赛前最后的冲刺。

临近正式比赛时，主要进行类似于模拟赛的实践性训练。

不能在上场之前，还只专注于锻炼肌肉。

## ◆ 考试前夕补足短板

回归正题，这和准备考试的道理是一样的。

应当向着定期测验这一目标而不断努力。

学习中的模拟赛就是做练习题。

临近考试的时候，应当反复练习题目，也就是反复解题。

而且，如果发现薄弱之处的话应该加以克服，通过记忆知识点进行调整。

如同踢足球一样，临近考试的时候，应当把重心放在做练习题上。不能在临近考试的时候，还一味地只记忆知识点。

**学习时间分配最理想的状态是，30%的时间用来记忆，70%的时间用来解题。**

学生们最好在考试周来临之前结束大部分的记忆任务。

有的学生在临近考试的时候，只会在笔记本上抄写句子和英语单词，这是典型的记忆型学习，相当于踢球时锻炼肌肉。

我一般都会苦口婆心地告诉学生，快考试的时候，**不要只"锻炼肌肉"，一定要模拟练习。**

请各位家长在平时也确认一下，孩子是在背东西还是在解题。

希望家长在考试前夕，给孩子提出建议：把重点放在解题上。

总结来说，**3分记忆7分解题。**

→ 应用原则3

# 模拟定期测验

如果孩子能够掌握前文叙述的内容，那么初中的定期测验将不再可怕。

但是，在读小学六年级时，孩子们无需准备应试（日本），所以几乎不用花费很长时间准备考试。

我认为可以把各种能力考试作为模拟测验，提前演练一下初中的定期测验。

能力考试包括英语能力考试、数学能力考试等，其中我最推荐的是"汉字能力考试"。

因为努力备考"汉字能力考试"，就会看得到成效，更容易获得成功体验。

顺便提一句，也有全国统一的小学生考试或面向初中生应试的模拟考试，但是我并不推荐使用，因为存在题目过难，或者需要特殊的解题技巧等问题。

## ◆ 最终目标是适应"备考过程"

在本机构，我们让学生从小学六年级就开始做汉字能力考试练习题，这本习题是由"日本汉字能力认定协会"发行的。

汉字能力考试6级相当于小学五年级的水平。

我认为，学生在第一次参加汉字能力考试时，最好能把心理预期放低一些。

但是，我最希望孩子做到的是，一直努力备考直到考试当天。

### 1.首先试着解题

首先学生应将背诵时间降为零，利用全部的时间解题。

因为是下学年掌握的汉字，所以解题并不难。

实际上，即使是初中定期测验考试前夕，只要孩子平时在学校认真听讲的话，也能够迅速从练习模式转变至学习模式。

家长一定要让孩子做好这样的心理准备，即"遇到不会做的题目，直接跳过也没关系，考试时会做就可以了"。

如果遇到不会写的汉字，请利用本书介绍的方法进行记忆，遇到词义不明的单词时，查询词典或网络加以确认。

另外，别忘记标记错题。

## 2.再次练习

如果题目练习量积累到一定程度的话，可以进行二次练习。结束5～10个单元的学习之后，可以从第一单元开始重新练习。

第二次练习时遇到不会的题目，请二次标记。被标记两次的问题将成为复习的重点。

### 3.三次练习完美收官

第三次练习时，只要做有标记符号的题目即可，这也是最后一步。

这是在实践我推荐的练习方法，即**"第二次全部解题，第三次只做错题"**。

另外，练习中还收录有往年真题，因此为了检验复习效果，可以将练习放到最后。

这类似于初中教材每个单元最后一页的"单元总结练习"。

如果感到往年真题的出题模式比较棘手的话，也可以复习一下出题模式。

◆ 一同回顾成功与失败

在升入初中之前，能够积累以下三项经验的话再好不过，分别是：**有计划地准备范围较广的考试；通过做练习达成自己的目标；反复做同样的题目。**

　　甚至，提前积累一些失败的经验也对孩子有好处，比如复习计划不能如期完成，考试得分不如预想的高等。

## 模拟定期测验的方法

（1）每天做几页练习，复习错题，标记错题。

⇩

（2）进行第二次练习，方法同第一次练习。

⇩

（3）第三次只做错题。

⇩

（4）利用往年真题进行实战演练。
　　　总结棘手的出题方式，并复习。

⇩

（5）接受能力考试。

⇩

（6）无论是否合格，家长和孩子一同回顾整个
　　　备考过程。

　　孩子上小学的时候，父母和孩子可以一同回顾成功或者失败，这也有助于孩子的成长。

　　请一定让孩子挑战一下能力考试，作为初中定期测验的模拟训练。

# 学习方法之
# 3 条应用原则

## 应用原则 1

反复练习，追求"完成度"和"速度"
- ▷ 更快更准更果断地解题
- ▷ 第一次、第二次练习全部题目，第三次以后只做错题
- ▷ 从目标分数倒推正确率

## 应用原则 2

考试复习，3 分记忆 7 分解题
- ▷ 定期测验前 2 周 疯狂刷题

## 应用原则 3

模拟定期测验
- ▷ 通过汉字能力考试等，体验长时间宽范围的备考

# 第3章

# 5种最不可取的危险学习方法

■ **写在前面**

　　如果学习方法不对的话，不论花费多长时间学习都是竹篮打水一场空。

我在第1章、第2章中介绍了希望大家掌握的学习方法，接下来我将介绍5种最不可取的危险学习方法。

听起来有些吓人，但是升入初中之后还采用这种学习方法的话，后果将不堪设想。

迄今为止，我已经在辅导机构工作了20余年，其间也遇到过形形色色的学生。非常遗憾的是，有些学生一直用我接下来要讲的学习方法进行学习，虽然很努力，但最终并没有取得理想的成绩。

他们花费了时间却做出错误的努力，一切都变成一场徒劳。

为了尽量减少白白浪费时间的学生，本章内容将集中于否定无用的学习方法，还请各位读者谅解。

只不过，如果学生们改掉本章所述的学习方法之后，按照"7项基本原则"和"3项应用原则"学习之后，成绩将会有大幅度的跃升。

希望各位读者的孩子，也能够像本机构的学生一样，成绩越来越好。

请各位家长在此确认危险的学习方法到底是什么，并且我希望各位一定多多关注孩子，千万不要让他们养成这样的习惯。

❖ 不可取的学习方法1

# 总结教材式学习

列在危险学习方法首位的是"总结教科书式学习"。

这种学习方法的危险之处在于，适合这种方法的人采用这种方法的话，会取得丰硕的成果。

而且，有些老师也会在学校里推崇这种学习方法。

然而，这世界上的大多数孩子是不可能通过该方法提高成绩的。

因为"总结教材式学习"是一种看上去人人都会，但实际上却要求极高的学习方法。

"总结教材式学习方法"通常有以下三个步骤：

（1）通读教材，认真理解。

（2）在大脑内总结整理要点。

（3）在笔记本上重新整合知识点。

在一个 40 人的班级当中，有 2 人能够掌握这种高级学习方法就很不错了。

换句话说，只有在年级排名前 5% 的学生才能熟练掌握这种方法。

但是，如果让全体学生都采用这种学习方法的话，那么大部分学生将摸不清要点，也做不到整理要点和重新整合知识点，最终只能沦为"照抄教材"。

另外一个危险之处在于，采用这种方法学习极易变成"笔记精美程度"的比较者，这只是假装努力，而非真正的学习。

大多数学生都会产生这样的错觉："哇！笔记做得太好看了，真棒！而且这是老师推荐的学习方法，这样就很好了吧，我真是太努力了！"

目的本来是通过总结整理笔记，将所学知识灌输进大脑里，但是不知何时开始，制作精美的笔记成了目的。

除此之外，总结教材式学习法还有一个缺点就是浪费时间。

极少数的优秀学生可以在利用此法提高成绩的同时，能够真正意义上保持高密度压倒式学习，并且充分保证学习时间。

换句话说，他们能够保持足够的学习量，既能花时间进行总结式学习，又能延长解题的学习时间。

或许，推荐"总结教材式"学习方法的老师是以学生能够保证充足的学习时间为前提的。

但是，本来就不能保证学习时间的学生却花费大量时间做"总结式学习"的话，考试结果将惨不忍睹。

无论如何，还是请大家放弃"总结式学习"。

**➔ 不可取的学习方法2**

# 一边看课本一边做题

这种情况在做主观问题练习时时有发生，有的学生一边翻看课本一边答题。

将课本摆在旁边，习题册上的每一问都要先查课本再填写。这样学习的学生是不可能得高分的。

这是理所当然的，因为学生在做练习的过程中，大脑丝毫没有运转。

只不过是像做了一场"课本答案查找游戏"或"填空词语查找游戏"一样。

这是万万不可行的。

一边看课本一边做题的学生，在他们做完题目之后马上问他们同样的问题，他们也不会解答。

并且，采用这种学习方法的学生有一种"完美主义"

的倾向，因为他们不想看到自己因为不会做题而苦恼的样子。

凭借实力做题的话，错题会增多，他们不想看到错题标记遍布的习题集。但即便如此，为了提升正确率，事先进行"记忆性学习"并不是一种好方法。

或者说，他们真正的原因是学习学累了，所以不想动脑子而假装学习，以便糊弄一下。

或者说，也有的孩子单纯地认为这就是一种正确的学习方法。

如果学生没有将整个单元的知识进行整体梳理和记忆，就采用这种学习方法的话，那么掌握的知识只是一问一答形式的简单堆积。

这样的知识只停留于表层，哪怕是稍微转化一下出题的角度，他们就无法解答。遇到不懂的问题查课本，边看课本边做题，这完全是两码事。

而且请告诉孩子们：**记忆是记忆，解题是解题**，不要将两者混为一谈。

一定要**严格区分记忆学习和解题学习**，否则将会十分危险。

◆ 不可取的学习方法3

# 浏览式学习

这里提及的"浏览式"学习，指的是一直阅读教材的学习方法。

学习的时候，手中不握笔，仅仅靠眼睛浏览进行学习，然后就去考试。这也是非常危险的做法。

如果在本机构发现有这样学习习惯的学生，我们会火速制止他。

应当记忆的内容是否真正记住了呢？谁也不清楚，包括学生本人也不清楚，这是其危险之处。

就算是记住了一些内容，但是是否可以应对出题难度呢？这个只有上了考场才能见分晓。

如果说仅仅靠眼睛看就能解决所有问题的话，恐怕世界上就不需要练习册和笔记本了。

学习能力较强的孩子，可以通过"浏览式"学习取得一定的成果。也正是因为取得了一定成果，所以他们才会持续采用这种学习方法。相比于手写来说，这种方法省时省力，效率也会大大提升。

虽说如此，上述的缺点一定会在学习时拖后腿，所以必然会有烦恼。

**不经过实际解题或者书写，很难发现学习中的薄弱环节。**

此外，特别讨厌学习的孩子也喜欢用这种方式学习。

因为想要偷懒的话，随处都可以偷懒。

无论是绞尽脑汁认真记忆教材的样子，还是看着教材却思考其他事情的样子，表面上看来都是一样的。

"阅读记忆式学习"和"解题式学习"一定是组合出现的。

如果孩子只想以"阅读记忆式"来进行学习的话，家长一定要及时制止。

→ 不可取的学习方法4

# "三心二意式"学习

"人啊，不可能同时做好两件事。"

这是我的同学小K在小学4年级时告诉我的。

小K毕业于爱知县屈指可数的高中，而后考入了超一流大学。

当我看到学生一边做别的事情一边学习时，我总会想起小K说过的这句话。

小学4年级的时候，我对此持反对意见，"没有这回事吧，两件事同时做还是没问题的。"但是当我长大之后，我终于理解了小K的这句话。

**不可能同时做好两件事。**

所谓"三心二意式"学习，也就是"同时做两件事情"。

小 K 在小学四年级时就明白"不可能同时做好两件事",像他这么优秀的人十分难得。

理由就是,大多数孩子都在进行"三心二意式"学习。

在本章中,我介绍了 5 种危险的学习方法,但是"三心二意式"学习才是学生们最常采用的学习方法。

最常见的"三心二意式"学习莫过于一边听音乐一边学习。

一般来说,学习时用不到听觉,但这是一场唤醒听觉,边听音乐边学习的大作战。

我是坚决反对的。

我本身也是一边听音乐一边学习,所以我对此更加反对。

也有人表示,听音乐有助于集中精力以进行学习。这是极少数人会存在的情况,他们完美地将音乐转化成了杂音。

但是，这会根据音乐的种类，当天的状况以及自身情况发生变化，对他们来说并不是一直有效的。

严格一点来讲，几乎不存在如同本人所想的那般顺利进行的情况。

我可以断言，大多数学生的注意力会被音乐干扰，享受音乐的同时也会降低对学习的注意力，只会白白浪费时间，重复低密度的学习。

在考试前一天晚上，还会一边听音乐一边学习吗？

我觉得应该不会吧。

另外，在考试的时候也不能听音乐。在关键的决胜时刻，或者在不可复制的环境中的学习究竟意味着什么？

恐怕除了危害别无其他。

虽说不是什么坏事，但是不要开始"一边听音乐一边学习"。

另外，一边看电视或者一边玩手机的"夺取视觉式学习"不在讨论范围之内。

→ 不可取的学习方法5

# "不停书写式"学习

先书写再记忆，是我们在记忆汉字或者英语单词时最基本的学习方式。

如同第1章讲的一样，"先书写再记忆"这件事本身没有问题。

但是，我希望各位能够引以为戒的是"不停书写式"学习，这一点刚才也有提到。

孩子们在练习书写英语单词等内容时，会像一架机器一样的重复书写很多次。

例如，像"bus"这样简单的单词也是如此。

这种单词书写5遍，或者只需看一下就可以记住，但是孩子们却能抄写20遍，甚至30遍。

为什么会发生这种事情呢？

那是因为学校的老师在过去曾经多次给学生布置过定量练习。

"每个单词至少练习2行""每天学习一页英语单词"等，给学生们多次布置这种作业之后，他们会产生一种错误的意识，并不是真正记忆而只是用抄写来填满笔记本。

学生多次重复这样的作业之后，就会不假思索地将每个单词抄写两遍，养成一种不良的学习习惯。

"多做练习比较好"未必是错误的。

但是，练习的目的终究是为了记忆，只需书写5遍就能记住的英语单词却书写了30遍，这是白白浪费时间和精力。

我已经介绍过汉字和英语单词的记忆方法，以此为基础，根据孩子的自身情况调整练习遍数。

从现在开始，不要一味地简单抄写了！

填满笔记本并不是目的，记住才是目的。全神贯注地练习，争取用更少的书写次数记住相应的内容。

# 第 4 章

# 升入初中之前各个学科必须掌握的要点

## ■ 写在前面

　　无需完全理解，只需完美地理解"要点"就OK。

　　本章将详细讲述在升入初中之前，各个科目学习应该提前掌握的要点。

　　孩子进入初中之后，开始参加社团活动，生活一下子变得紧张、慌乱起来。

　　如果孩子每天都时间紧张的话，那么很难抽出时间去复习小学期间所学的内容。当然，无需赘言，初中阶段的大多数学习是建立在理解小学所学知识的基础之上的。

　　因此本章针对于时间充足，听父母的话并且学习认真的学生，分门别类地整理了各个科目的要点知识，这些要点是需要花费时间复习，并且应当掌握的知识点。

　　当然，如果能够认真复习且掌握所有的学习内容是最好不过的，但是这不是谁都可以做到的事情。

　　而且，就重要程度来说，根据科目不同或者单元不同也会有所差异。

　　因此，请各位优先学习以下的知识点。

请充分利用暑假等时间，对小学六年间的知识要点进行整体复习，在升入初中之前预先掌握好这些知识。

如果能够完全掌握的话，进入初中之后也无需担心。

## ❖ 语文

# 最为重要的是复习"语文"

如果将小学阶段的复习内容按照科目划分的话，最为重要的是"语文"的复习。

在同学聚会时，我首先会对那些有孩子的同学说："算是我求你们啦，一定要让孩子把语文学好。

"小学阶段，语文是和数学相并列的重要科目，但是进入初中之后，语文会变成最不重要的科目。

"进入中学之后，需要开始学习英语，还需要参加社团活动，因此语文作为一门可以理解的科目，几乎不怎么学习。

"但语文却是最重要的科目，是所有学科的基础。小学阶段的语文基础如何也决定着进入初中之后，成绩能够有多大的提升。

"在进入补习班之后的第一次谈话中，我们也会确认学生的语文掌握程度。可以说，语文成绩是在所有科目中最容易提分的。

"因此，算是我求求你了，一定要让孩子学好语文！"

大家明白语文这门科目的重要性了吗？

本章将以语文为中心，介绍升入初中之前应当掌握的知识要点。

## ❖ 语文

# 所有学科的基础"汉字"

**掌握语文的核心在于汉字和词汇能力（词汇量）。**

如果不会读写汉字，或者词汇量匮乏的话，进入初中之后将陷入苦苦挣扎。

如同学英语时一样，虽然知道语法，但是不明白单词意思的话也翻译不出来。如果不会读汉字，或者词汇量太少的话，这会导致学生们看不懂教材。

尤其是社会科目的教材，解读起来会异常困难。


不仅如此，看不懂教材的学生也不能进行自主学习。

这种情况是不可回避的。

如同之前所讲，只有在小学阶段才有充足的时间学习语文。

这与讨厌语文或者不擅长学习语文都没有关系。

在过去，家长会不由分说地让年幼的孩子练习使用筷子，语文的学习也是如此，一定要落实好语文的学习。

接下来，我将从组成词语的汉字开始一一介绍。

◆ 首先读，才会写

在日本，小学阶段6年期间，总共学习约1000个汉字。

无论过去还是现在，考试形式都是手写。也就是说，学习汉字的最终目的是要会写。

但是，包括日常生活中的汉字，手写文字的情况跟以往相比大幅度减少。

我自身认为，现在人大多数时间都是手机不离身，因此，相比于书写来说，阅读更为重要，理解阅读过的汉字和词汇的意思也十分重要。

家长们在帮助孩子学习汉字时，一定要注意，首先让孩子正确地读出来，然后让他们理解其中的意思，这两点十分重要。

在此之后，争取再能够写对汉字。

为了让孩子更有目标地学习汉字，让孩子们去考一次"汉字能力测试"也是不错的选择。

"汉字能力测试"也可作为初中定期测验的模拟考试，可谓一石二鸟。

如果能够灵活运用汉字能力测试，将会取得不错的成果。

**❖ 语文**

# 小学阶段应当提高"词汇量"

学习完汉字之后，最应当提升的是词汇量。

所谓词汇量，也可以说成是"可以使用的词汇的数量"。

在学校的课程当中，几乎没有课程是介绍如何增加词汇量的。因此，这一项学习很有必要在家进行。

## ◆ 如何才能记住词汇并乐在其中呢

想要增加词汇量的话，采用以下三种方法更易产生效果：

（1）轻松查阅。

（2）亲近书本。

（3）努力学习词汇书。

接下来将按照顺序详细说明。

### 1.轻松查阅

小学低年级时，孩子们学习了查阅词典的方法，而在查阅单词时主要用到的工具还是词典。

但是，现在随处可以听到"这个词我不会，在词典上查一下吧"，并且随着时代的变化，也开始听到人们说"上网查一下吧"。

上小学时，查阅词典就足以支持课本的学习，但是进入初中之后，利用网络查阅的比例不断上升。只要有网络终端在手，只需10秒不到的时间便可以查阅相关内容。

因此，在小学阶段一定要培养勤查词典的习惯，查阅网络也是可以的。

如果能够灵活运用词典和网络两种手段，是最好不过的。

最理想的状态是，当遇到不懂的词语时，全家人一起上网查资料，一起解决。

如果母亲被孩子问到"妈妈，×××是什么意思"时，母亲应当回答："你先拿妈妈的手机去查一下。"

当遇到对话当中或者电视上出现的生词时，家长可以主动创造一个查阅的机会，诱导孩子进行学习，可以说："你知道×××的意思吗？不知道的话，可以试着查一下。"

另外，家长在遇到不会的问题时一定要及时上网查阅加以解决，这样也会为孩子树立一个榜样，让孩子们意识到"上网查资料"并不是一件门槛很高的事情。

## 2.亲近书本

手机的出现更加加速了人们脱离印刷物。

孩子们在网络或手机游戏上消磨掉大量时间，所以阅读文字的机会越来越少。

之前，有一名来本机构面谈的学生，当听他说连漫画也不看的时候，我感到十分惊讶，但是我现在对于这种状况已经习以为常。

网络或手机游戏对于提高词汇量来说毫无益处。让孩子开始读书吧！

家长可以邀请孩子去读书馆，或者不停地买一些孩子感兴趣的书。

最关键的一点是，不要让孩子看"家长想让他们读的书"，而是让他们看"自己想读的书"。

首先，让孩子们对书产生兴趣，对书表示关心是十分重要的。

以前有过一名喜欢踢足球的孩子，他的语文成绩十分出色，但是对于其他科目的学习却一窍不通。

我感到非常不可思议，便去询问他的父母"为什么只有语文成绩突出"？父母如是说道，孩子会喜欢看他们买的面向成人的"足球杂志月刊"，并且读得十分仔细。

就是这样！这就是我期待的学习发展趋势。

喜欢游戏的话，可以看游戏攻略。

喜欢动漫的话，可以看动漫的小说版。

喜欢时尚的话，可以看时尚杂志。

如果感觉阅读文字比较困难的话，可以看漫画。

即使是看漫画，也可以接触到汉字，因此也是十分宝贵的机会。接下来，我会介绍在社会项目中使用漫画的学习方法。

即使不理解词语的意思，也可以通过上下文推测词汇的意思。如果拿不准的话，可以查阅词典或手机。

小学阶段对于汉字的熟悉程度也会对升入初中之后的学习产生巨大影响。

### 3.努力学习词汇书

这种方法对于两类学生来说不太有必要性，一类是喜欢读书，一直读书的学生；另一类是遇到不会的单词就立刻用手机去查的学生。

不过，喜欢读书的孩子也会熟读词汇书。

大人们会利用营养辅助食品来补充日常饮食中难以摄取的营养成分，孩子的学习也是一样，通过人为补充词汇来弥补孩子缺少的词汇量。

幸运的是，现在市面上有很多寓教于乐的词汇书。

作为一种语言学习而努力，目的是提高孩子的词汇量。

## ➤ 语文

# "解读能力"使所有学科的学习更加顺畅

上述的汉字和单词等内容都与解读能力息息相关。

如果不能理解课本中的内容，接下来的一切无从谈起。

2019年，（日本）小学阶段所有学科的教材，考试和问题都是用日语书写的，这是常识。

一个学生的解读能力越好，意味着他能够更加正确地理解各科教材的内容。提高解读能力，可以有效促进各个科目的学习，使学习过程更加顺畅。

解读能力到底能发挥多大的作用呢？我将用两张图来说明一下。

将海里的鱼比作"文章内容"，将捕鱼的网比作"解读能力"。

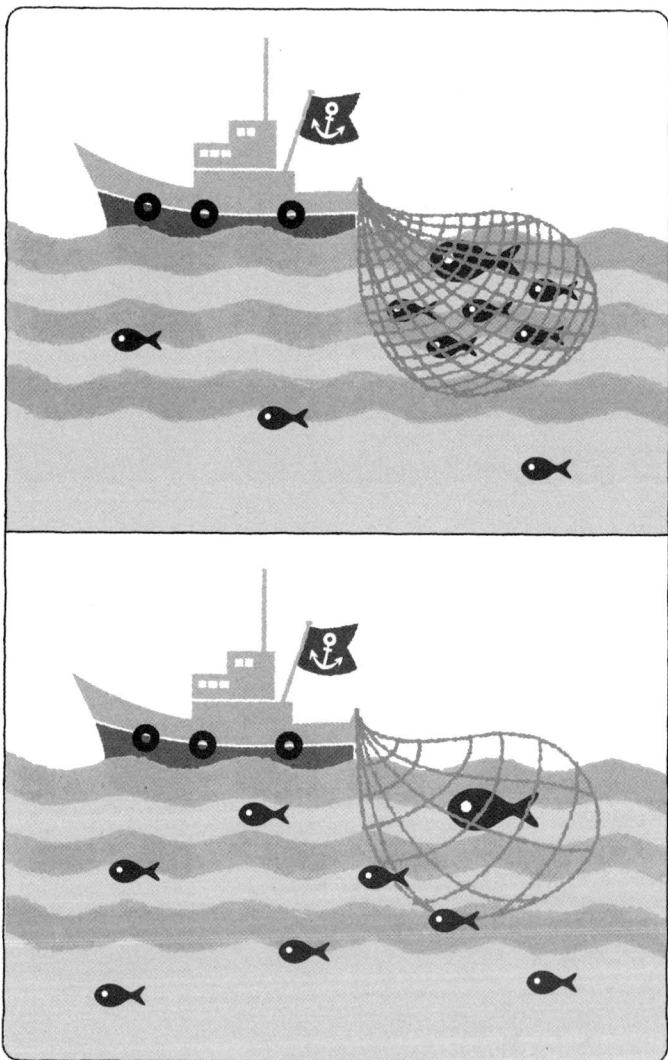

渔网的网眼越小（解读能力越高），越能将海里的大鱼小鱼（文章内容）都一网打尽。

如此一来，便可以全部吸收并理解文章内容。

形象一些来说，解读能力低下就如同使用网眼过大的渔网去捕鱼一样。个头稍微大一些的鱼还能勉强捕上来，但是大部分的鱼都成了漏网之鱼。

换句话说，这种状态也表明孩子是否能够大体理解文章内容。

在实际的捕鱼过程当中，应当爱护尚未长大的小鱼，所以使用网眼较大的渔网。但是，在培养解读能力的过程当中，网眼越小越有利于学习。

目标是能够捕尽所有的鱼，将课本知识全部吸收。

#### ◆ 数学

# "计算能力"始终是基础

四则运算是小学阶段就应该掌握的数学知识。

无论过去还是现在，计算能力作为一项基础能力，其重要性不会改变。

如果连基础的运算都掌握不了的话，那么所有单元的学习都无从谈起。

计算能力应当扎实培养，接下来我们一起复习计算的相关知识。

## ◆ 四则运算中最重要的是什么

具体的复习内容如下：小学五年级的"通分""约分""分数的加减法"；小学六年级的内容"分数的乘

除法"。

希望大家能够**彻底复习好分数部分**。

进入初中之后，小数和分数的使用频率是截然不同的。

在小学阶段，学习小数和分数所占的时间基本相同，但是进入初中之后，几乎不再学习小数的相关知识。

但是，分数的使用频率却一直高居不下。

如果将复习内容不断简化的话，最应当优先复习的是分数。

因此，无论如何都要下功夫去复习分数，这是十分重要的。

请大家彻底掌握好"通分""约分""分数的加减法""分数的乘除法"这4部分内容。

◆ **如果学有余力的话**

如果顺利复习完分数部分并且完全掌握，或者说本来分数就学得比较好的话，在学有余力的情况下，可以继续复习"占比""速度""图形"等单元的内容。

**➜ 社会**

# 历史需要将事件串联

　　历史知识的学习在小学阶段和初中阶段都会涉及，但是很多学生表示学习历史很头疼。很多学生上小学时掌握得还不错，但是升入初中之后，历史成绩一落千丈，学起来十分吃力。

　　其中一个理由就是，学生并没有将一系列的历史事件在脑海中串联起来。

　　相比于其他学科来说，历史学科的知识是有联系的一个整体。

　　因此，学生们是否会对历史产生兴趣，主要取决于历史老师能否挑动兴趣。

　　对于历史没有兴趣的学生，小学毕业时仅仅掌握了一小部分知识，并没有将细碎的知识点加以梳理。

他们在这种记忆状态下进入初中之后再次学习历史，但是细碎的知识点还是没有得到梳理，记忆状况也得不到改善。

在尚未升入初中学习历史之前，应该提前掌握好大体的**历史发展脉络**。这将成为一副筋骨，中学的内容将化为血肉。


善于学习历史的学生经常说："就算记不住某件事的具体历史年号，但是能够记住其前后发生的事情的话，问题自然会迎刃而解。"

我听到这段话时，总会想："来啦来啦！这就是历史达人的台词！因为记不住事情的前后脉络，所以只能死记硬背历史年号了。"

实际上我也是为了历史学习而绞尽脑汁的学生，因为我并没有掌握历史发展的大致脉络。我认为，自律的小学生在小学阶段拥有大量的空闲时间，我建议大家利用好这段时间将历史的发展轨迹梳理清楚。

## ✦ 理科

# 不复习自然科学知识也可以

终于到了最后一门科目——理科，实际上，这门科目无需复习。

大家可能想问："为什么不复习理科也没有关系呢？"理由就是，相同的内容将在初中课堂上重新学习。

根据我的授课经验来看，小学阶段自然科学知识的学习内容程度不深，没有必要专门复习。

因此，学生们不必特意拿出时间复习自然科学知识知识，应当将这部分时间投入到其他科目的学习当中去，尤其是语文的学习。

## 升入初中之前，
## 各个科目必须掌握的要点

【 语文 】

▷ 首先做到会读汉字

▷ 接受"汉字能力测试"

▷ 增加词汇量

▷ 培养读解能力

【 数学 】

▷ 首先牢牢掌握分数的"四则运算"

▷ 如果学有余力的话，可以复习"比例""速度""图形"等内容。

【 社会 】

▷ 通过阅读漫画理清历史的发展脉络

【 理科 】

▷ 抓住课堂学习机会

# 第 5 章

# 家长提供学习支持时需要留心

## ■ 写在前面

成绩好的孩子在家里得到同样的学习帮助。

本章的内容主要是面向家长，介绍一些希望家长能够提供的学习支持（包括生活习惯等）。

如同本书开篇所述，迄今为止，我已经与2000多个中小学生的家庭进行过交流。

家长和孩子的烦恼或者是对待学习的方式真的是千差万别，这一点也无可厚非。但是，所有学习成绩优异的学生的家庭却存在很多相同点，除了学习方法，还有父母对孩子学习的帮助。

本机构将上述家庭的共同点总结为"5条帮助原则"，希望各位家长在家庭中也能合理运用。

升入初中之后，周围环境发生变化，尤其是学生们进入青春期之后，便不再理会父母说的话。

学习自然不必多说，生活习惯方面也需要父母的帮助。我建议，让孩子在小学期间就培养相应的习惯，以减轻后期父母和孩子的共同负担。

### 帮助原则1

## 父母严格遵守生活规律

首先我必须请求各位家长，务必保证孩子的充足睡眠和营养膳食。

想必各位读者在想，为什么总是重复一些理所应当的事情？

但是，我现在还是必须要强调，“理所应当”的事情的重要程度最高。

如果初中生出现生活节奏紊乱的情况，只需要调整生活节奏就可以大幅度提高学习成绩。

“睡眠和营养”十分重要，但也很容易失衡。

### ◆ 睡眠不足，事事为难

为了便于孩子理解，我在这里将睡眠的重要性比作社团活动进行解释。

对于足球部初三的学生来说，当年的夏季比赛无比重要，只要能够在这场比赛中取得胜利就能够赢得在省级比赛中出场的机会。

假设这样一种场景，双方比分为 2：2，僵持不下，比赛在胶着之中进入下半场，场上还剩一次替换选手的机会，这时有一名选手突然受伤需要紧急换人。

场边有两位能力相差不下的选手。

A选手看上去精神饱满，状态极佳；B选手看上去睡眠不足，一直发呆。

如果你是教练的话，你会挑选哪位选手上场？

——选择结果无需多言。就算是B选手的能力略胜一筹，大多数人还是会选择A。

如果一个选手上场却不能使出全力的话，就等于是一个战斗力低下的人。

如果在睡眠不足的情况下去上6节课的话，小B只能集中精力听第1节课，从2节课开始就困意重重，在课堂上半睡半醒。下午的第5节课开始，小B会被睡魔完全打倒，在课堂上呼呼大睡。

但是精力充沛的小A却能认真听完6节课，他学到的东西远远超过小B。

你们感受到睡眠不足的恐怖了吗?

如果这样的状态一直持续下去的话，那么你跟别人的差距只会越来越大，到最后，即使竭尽全力也追不上别人。

如同本书开篇讲的那样，本书提及的所有内容都是以"认真听讲"作为前提的。

如果不在课堂上认真听讲的话，你连自己没有掌握的知识是什么都不知道。后来，即使想要复习也无从下手。

即使小B在定期测验之前会认真复习，但是这也很难弥补在日常学习中一点一点拉开的差距。

◆ 家长确保孩子的入睡时间

孩子们进入初中之后每天都十分忙碌，除了要学习功课之外，还要参加社团活动。为了避免因为生活节奏紊乱而影响其他事情，孩子们应当从小学阶段开始就养成良好的生活习惯，以应对初中生活。

日本文科省自2006年起就喊出"早睡早起吃早饭"的口号，提倡人们养成良好的生活习惯。

这三件事看起来像是一个组合，但是只要把第一件事"早睡"做好了，后两件事便轻松达成了。

具体来讲，让小学生在晚上9点左右睡觉。这是十分关键的一点。

即使有特殊情况，最晚入睡时间也不能超过9点半。

只要能严格遵守这一条的话，第二天自然能够早早醒来。

即使晚上9点半入睡，早上6点起床的话，也能保证8个多小时的睡眠时间。

早上不贪睡，时间也很宽裕，因此，孩子们可以好好吃早饭。

换句话说，只要做到了"早睡"，自然能够做到"早起""好好吃早饭"。


因此，作为家长，首先一定要做到"早睡"，这样才能开启美好的一天。

为了让孩子养成早睡的习惯，无论发生什么事情，家长一定要狠下心来，到时间就关灯。

听起来可能比较夸张，如果孩子10点睡觉的话，家长可以为此气得发抖，以此来警告孩子。

**"早睡"是培养生活节奏的基本，十分重要。**

家长让孩子养成早睡的习惯，让他们意识到早睡是一件理所当然的事情。

还有一点，孩子睡觉的时候，家长一定要把游戏机和手机等电子产品放在客厅，千万不能让他们带进卧室。

孩子上小学的时候不敢违抗父母的命令，因此，在小学期间培养良好作息，进入初中之后也会轻松很多。

很多家长来找我咨询的时候表示，孩子因为没写完作业，或者其他各式各样的理由，所以不能按时睡觉。

但是，有些家庭在小学阶段就一直教育孩子"不管发生什么事情，也要按时入睡""没干完的事情，可以第二天早起继续干"，所以这些家庭的孩子升入初中之后也能维持良好的作息。

这件事也足以展示父母的决心。

如果养成了早睡的习惯，就可以说日常生活中80%的事都会顺利进行。

顺便提一句，升入初中之后，可以将孩子的入睡时间顺延一小时，让他们10点左右睡觉。

如果有特殊情况的话，最晚也应该在11点前睡觉。

如果孩子依旧习惯于9点入睡的话，一直保持下去也可以。

不过，中学生在家里需要做的事情非小学生能比的。

如果小学阶段已经养成良好的入睡习惯，一般来讲，进入初中之后，晚上10点左右睡觉是较为合适的。

## ◆ 千万不能不吃早饭

此外，有的孩子生活不规律之后，就不想吃早饭。对于这一点，我表示反对。

日本文科省的调查显示，不吃早饭的孩子考试成绩也不好。

特别是女生进入初中之后，开始对减肥产生兴趣，所以不吃早饭，成年女性暂且不论，但是青春期的女生必须要一日三餐按时吃饭。

希望大家在小学阶段就养成按时吃饭的习惯。

→ 帮助原则2

# 设定每日学习时间

根据我常年在辅导机构工作的经验来看，成绩越好的同学生活越规律。他们睡觉的时间，吃饭的时间，甚至洗澡的时间都是固定的，生活节奏平稳，很少出现差错。

可以说，这与学习时间也是一样的。

比如说，我有一个习惯，吃完晚饭之后，会从8点一直学习到9点。

请大家一定模仿一下优秀学生的家庭。希望大家从小学开始就固定好每天的学习时间。

## ◆ 为养成习惯而减少差错

因为小学生放学时间较早，如果孩子放学的时候，家长恰巧在家的话，可以将每天的学习时间固定在晚饭之前。

比如说吃晚饭前的一个小时，大约是晚上6点～7点。就算孩子和朋友约好出去玩，也一定要让他在6点前回家，然后按时学习。

如果说有一天允许孩子有例外的话，比如"因为今天要做×××，所以不学习也可以"，那么孩子以后可能就不再遵守规则。

不管是修学旅行结束回来的那天，还是开运动会的那天，都要按时学习。如果孩子看起来十分疲惫的话，可以缩短学习时间，比如让孩子学习10分钟左右。

希望家长能够咬紧牙关，一定可以让孩子养成定时学习的好习惯。

当然，将学习时间固定在晚饭之后也是可以的。

此外，如果是父母都工作的话，那么父母在准备晚饭的时候，让孩子在客厅学习也是很有效的。

因为孩子可以看得到父母，并且规定在晚饭之前完成作业，所以更容易集中精力。

话虽如此，但是父母因为工作上的事宜，所以很难固定吃晚饭的时间。这种情况下，请与孩子进行协商，尽量将学习时间控制在一个波动范围较小的时间内。

因此，在孩子升入初中之后，必须让他们在晚饭后固定学习一个小时以上，如晚上8点～9点。

不管是社团比赛的那天，还是外出合宿回来的那天，都必须要学习。哪怕是像小学阶段一样，学习10分钟也是可以的。

如果有想看的电视节目，可以进行录像，然后早上或者周末再看。最重要的是不出差错，持续做下去。

◆ 早睡的孩子把学习时间固定在早上

对于平时睡觉较早的孩子来说，将学习时间固定在早上也是不错的选择。这一点对于初中生和高中生都适用。

早起学习有利于把握生活节奏，并且在世界尚未苏醒的时候学习更易集中精力。早起学习好处多多，但是有必要提醒的一点是"时间限制"。到了该上学的时间就必须停止学习，如果早上睡懒觉，或者留到早上的作业太多的话，就会引起很大的麻烦。

　　将学习时间固定在早上的过程中，需要家长陪孩子一起早起，并且看着他完成作业，直到养成这个习惯。

→ **帮助原则3**

# 父母限制孩子玩手机就是限制孩子的成绩

无论是什么时代，孩子们都不会喜欢学习。

事实确实如此。

学习，并不能立刻满足当下的任何欲望，也不能立刻变现。

对于大人来说，持续学习英语也不是一件容易的事情，何况是小学生和初中生呢？他们的精神世界尚未发育成熟，更不懂得为了未来而学习。

对于这样的初中生来说，无论是什么时代，他们在家里学习的时候总免不了跟妨碍学习的诱惑作斗争。

我出生于昭和时期（1926～1989年），当时最妨碍我学习的是电视。其次还有电视游戏、漫画、音乐、收音机……我在其中也感受到时代的变化。

那么，对于现在的初中生来说，妨碍学习最大的诱惑是什么呢？

想必大家已经明白了！

当然是手机。

现在这个时代，即便是深更半夜，也可以通过手机轻而易举地和朋友发信息或者语音聊天。

而且，即使是半夜也能和朋友一起玩，比如打在线游戏等。似乎一天24小时都像是学校的休息时间一样。

手机使得人们的生活更加便利，但是对于学习来说，手机却被认为是一台万恶不赦的机器。

有位名人曾经说过："如果让孩子自由地玩手机的话，他们也会自由学习。"

顺便说一句，这位名人拥有超高的学历及精彩纷呈的人生经历。

即使达不到自由学习的程度，但是成绩越是优秀的同学，越想活用手机进行学习。

不过，据我常年的经验来看，我不赞成孩子在学习时的时候，背着父母偷偷玩手机的做法。

因为大多数初中生并不是真正在学习。

大人也会有同样的经历，比如在工作的时候看一看社交软件，或者上网冲浪一下。

这两者在本质上是一样的。

### ◆ 制订玩手机的规则

家庭对于手机的处理方式至关重要，如果不切实制订规则并加以执行的话，孩子的学习成绩必定会一落千丈。

那么，家庭中制订怎样的规则比较好呢？

### 原则1　推荐在初一下学期时给孩子买手机

之前一段时间，我还认为应该在孩子升入高中之后再给他们买手机，但是现在我的想法已经变了。

现在，大多数家长会在孩子升入初中之后就给孩子买手机，很多初中生现在用的手机都是自己的。

据日本内阁府2017年的调查显示，现在初中生的手机持有率已接近60%。

根据我在教学现场的感受，学生的手机持有率年年上涨。

最理想的做法是孩子升入高中之后再给他们买手机，但是现在学校的社团活动以及跟朋友之间的联络多是在网络上进行。

无论如何，或早或晚都是要给孩子买手机的，或早或晚都会感受到手机的魔力。基于以上理由，我推荐家长们在初一下学期给孩子购买手机。

**理由是初中生首先适应好初中生活是最重要的。**

如果孩子升初中之后立刻给他们买手机的话，他们便会沉迷于玩手机，导致日常生活节奏紊乱，学习也会变得一团糟。

但是，如果太晚给孩子买手机的话，可能会正好赶上孩子的叛逆期，他们可能会因为手机的使用方法而焦虑不安。

大多数学生会因为过度使用手机而导致生活节奏混

乱，因此，最好让孩子进入毕业班之前结束这种状态。

综合以上各项因素，我认为在初一下学期时给孩子买手机是最合适的。

### 原则2　买手机时制订3项使用规则

给孩子买手机的同时制订使用规则。

为了防止孩子被欲望支配而变得为所欲为，家长需要事先给他们安装"刹车片"。

也就是说，需要制订一定的使用规则。比如：

**话费限制：设置话费上限**

**使用时间限制：禁止半夜玩手机**

**过滤软件：禁止浏览不良网站**

家长在购买手机的时候，一定要先把这三点要求明确告诉店员。如此一来，店员会推荐最合适的手机和使用计划。

### 原则3 学习时或者睡觉时，手机放在客厅充电

孩子们一天当中会有两个时间点禁不住手机的诱惑，一是在自习时，二是在睡觉时。

为了避免孩子沉迷于手机，为了让孩子能够严格把握这两个时间点，家长应该从给孩子买手机的那天起就实行"手机使用法则"。

只需要简单叮嘱孩子即可。

"学习的时候、睡觉的时候需要把手机放在客厅充电，你做不到的话我就把手机解约。"

如果孩子不服的话，家长可以进一步解释。

"如果你一直玩手机却不学习的话，就麻烦了。而且，玩手机玩多了就会导致你睡眠不足，你就会在课堂上打瞌睡，没有精力听课了。"

我在本书中已经提及了好多遍，**认真听讲是一个大前提**。

如果已经给孩子买过手机了，那么需要抓紧时间重新制订使用规则。

### 原则4　用父母的手机查资料

现在的初中生一般不怎么查词典。当然我也清楚，这种情况既有优点也有缺点。但是，通过手机可以即刻查询各种各样的知识，所以越来越少有人会抱着词典一页一页地查，这也无可厚非。

何况，今后通过网络查阅必要信息的技术将变得愈发重要。

因为是这样的情况，所以孩子在学习的时候可能会这样问："我想从网上查点东西，可以用我自己的手机查吗？"

可以吗？就算是孩子的题目做错了，也不能答应他们用手机的请求。

因为他们在用手机查资料的时候，往往会收到聊天软件上发来的信息。

或者是不自觉地点开检索框下面的新闻，或者不自觉地就打开了手机游戏。

为了避免这样的事情发生，家长一定要回复："你用我的手机查吧。"

如果家里有多余的网络终端的话，可以将它作为上网查资料的专用机器。

不要让孩子跟各种诱惑作斗争，当孩子学习的时候，必须保证他不能用自己的手机。

### ◆ 手机之外的诱惑也要严加防范

除了手机之外，还有其他妨碍学习的诱惑。

主要有"游戏机""漫画"和"书"等。

应对诱惑的方法有两个，**一是"不要跟诱惑作斗争"，二是"进行客观控制"**。

因此，家长应该提前将有可能妨碍孩子学习的物品搬离到其他地方。

最好不要让孩子把游戏机和手机带进卧室，并且在考试前的一段时间，暂时由父母保管。

实际上，本机构在定期测验前一段时间会对学生进行一定限制，替他们保管有可能妨碍学习的物品。

这些物品包括手机、游戏机，甚至是篮球或者手提电脑。

根据不同的学生，可以让他们在休息时间玩一会儿手机，具体的时间限制可以适当调整。

严格一点来讲，如果孩子学习的时候禁不住诱惑而去做其他事情了，这是因为**学习环境存在问题**，归根结底是父母的问题。

请家长一定为孩子创造一个无需跟诱惑作斗争的环境。

顺便提一句，最难设限的诱惑是"胡写乱画""睡魔"和"胡思乱想"。

**⤀ 帮助原则4**

# 创造良好的学习环境

孩子在家里学习的时候，学习场所无非就两个。一个是自己的房间，另一个是客厅。从10年前开始，就出现一种"客厅学习"的说法。

## ◆ 父母盯着学习，孩子成绩会变好吗

如果是**小学生**的话，我会果断推荐在**客厅学习**。

理由只有一个，那就是"有人在监督"。

如果孩子在客厅学习的话，家长可以从远处确认一下孩子学习的状况。

孩子是否集中精力学习，有没有做其他事情，有没有学一些无关紧要的东西。

　　父母可以掌握第一手信息，还可以适时地提醒孩子。孩子在自己房间学习时，却做不到这一点。

　　站在孩子的立场上来看，因为在父母的眼皮子底下学习，所以不敢松懈。因此，这会起到一定的正向促进作用。

　　没有哪个小学生会一心想着自己的课本，在自己的房间里默默学习。这对于小学生来说，难度太高。


　　为了使孩子的"客厅学习"顺利进行，家长只需要关掉电视机即可。

　　这一点需要家庭商议，达成一致意见。如果家人想看那个时间段的电视节目的话，请提前协调好。

　　如果孩子一个人在客厅学习的时候，能够集中精力的话，那么接下来可以让他们挑战一下**在自己的房间里学习**。

　　这个时间点最好是在**适应初中生活之后的暑假**。


　　孩子在自己房间学习的时候，家长也只需要做好一件事情。

刚刚也已经提到过，就是需要家长把所有妨碍孩子学习的东西清理出去。手机、平板电脑、游戏机、甚至笔记本电脑都需要拿到房间外面。

如果只有"睡魔"妨碍孩子学习的话，可以挑战在卧室里学习。

最终目的是让孩子能够集中精力学习，无论是在客厅还是在卧室。

### ◆ 如果有弟弟妹妹该怎么办

如果家里有更小的弟弟妹妹的话，该怎样营造一个良好的学习环境呢？

如果他们是小学三年级以上的学生，可以让他们一起学习。

通常情况下，弟弟妹妹会干劲十足地学习，所以让他们看书也是个不错的选择。如果弟弟妹妹还比较年幼的话，也有很多家庭将学习时间固定在弟弟妹妹晚上入睡之后，或者早上醒来之前。

此外，也有的家庭为了让孩子能够在自己房间里学习，会尽早营造出良好的学习环境。

不管怎样，如果在客厅学习的话，年幼的弟弟妹妹很可能会凑过来捣乱。

从这一点来讲，希望家长按照家庭实际情况来打造学习环境。

➧ 帮助原则5

# 应当表扬孩子的努力而非才能

　　假设孩子在学校的数学考试中取得了100分的好成绩，特别希望被父母夸一夸，也希望得到认可，于是得意洋洋地拿出答题纸给父母看。

　　那么，父母应该怎么回应呢？

　　如果说出"哇，太厉害了！我家孩子真有才华"的话，这样可能会妨碍孩子施展自身的才华。

　　虽然听起来有些可怕，但是父母不同的反应，可能会对孩子的能力产生影响。

◆ 碰壁的时候，心理承受能力不同的孩子表现也不同

如果一个孩子与身俱来的能力一直被夸赞，当他成绩不好的时候就极易产生不愉快的感觉，并且丧失自信，从而导致成绩下滑。

不但如此，他们害怕被别人认为自己没有才能，所以会撒谎来把自己包装好，甚至会做出愚蠢的行为。

斯坦福大学教授卡罗尔·德韦克在其著书《终身成长：重新定义成功的思维模式》中写了如下内容：

当我知道这项事实的时候，感到毛骨悚然。

**家长本来出于好心，无意中给孩子说的话，却有可能限制孩子的才能。虽然听起来难以置信，这却是一个不争的事实。**

不过，试着站在孩子的立场上想一想：

"妈妈经常夸我学习数学很有天赋，但是这道题太难

了，我解不出来。实际上我是不是没有天赋呀？""如果让妈妈知道我根本没有天赋，那她肯定很失望吧！不行不行，就算是糊弄一下，也要让妈妈看到我做数学题的能力。"

孩子们极易产生这样的心理。如果一个孩子在赞美声中长大，当他碰壁时将变得十分脆弱。因为他们认为，不会做题就是没有天赋，所以内心容易受挫。

只要受挫一次，之后即便是碰到简单的题目，正确率也会降低，很难恢复到原来的水平。

希望大家能够感受到"表扬天赋"这件事产生的影响，以及其好处和坏处。

#### ◆ 换一种表扬方式，孩子成绩就会提高

"太厉害了！你真是太努力了！"这种表扬方式才会助力孩子成长。

并不是表扬孩子与生俱来的天赋，而是表扬孩子付出的努力。

如果一个孩子的努力一直得到父母的认可，那么当他成绩不好时会有怎样的反应呢？

当然，首先他会感到失落，这一点跟因天赋受到表扬的孩子是一样的，但是接下来却大有不同。

因为他会将成绩不好的理由归结为自己的努力程度不够。

他不会把不会解题视为不可挽回的失败，而是会归于自己能力不足这一点上。

就算不会解题，内心也不会受挫，心态十分平稳，遇到难题时不会焦躁反而觉得有趣。

所以，他不畏惧失败，而是一直积极地付出努力。如果孩子的努力一直受到父母的表扬，那么在他长大的过程中，自然也明白努力的重要性。

大家可能在想："只要换一种表扬方式，就会发生这么大的变化吗？"

是的，只要换一种表扬方式，就会发生这么大的变化。请各位家长从今天开始就注意自己的表扬方式。

请表扬孩子的努力，而不是他们的天赋。孩子们也会从今天开始发生改变。

→ **帮助原则6**

# 先表扬，后建议

当孩子进入青春期之后，很多家长表示孩子根本不听自己的话。

从孩子出生的那一刻开始，父母就一直悉心照料孩子，并且说了很多为了孩子好而不得不说的话，结果造成孩子听得耳朵都长茧了，换句话说，孩子已经习惯了父母的喋喋不休。

在这个过程中，孩子刚好进入了青春期。

家长虽然明知孩子进入了青春期，但还是忍不住像小时候一样给孩子提各种建议，而这只会遭到孩子的强烈反抗。

#### ◆ 以"建议"为名的说教和吹牛

假设一个这样的场景：

母亲："数学成绩考得太差了！后面的应用题完全没做出来呀，你认真学习了吗？"

就只是因为这一句话，孩子就会把自己的心门牢牢关上。

确实，就像母亲说的那样，孩子确实不够努力，但这并不是一场游戏，并非家长说中了事实孩子就会听话。

孩子："我已经认真学习了！只不过考试时间太紧了，题目也很难，大家都不会。"

母亲："但是你们班的平均分也不低呀，我不是一直跟你说嘛，你不要一直只学你喜欢的科目，其他科目就不学了，一定要顾全大局，每门科目都要照顾得到。"（母亲越来越起劲，接二连三地批评孩子）

母亲："妈妈上初中的时候，总会提前5天完成作业，然后再重新温习一遍教材……）"

孩子这时候已经不再听母亲讲话了。孩子心里的想法是："又开始吹牛了，能不能只说自己的事情，放过我吧。"

家长直接指出孩子的不足之处，并且喋喋不休地强调正确做法。而且还滔滔不绝地讲述自己的成功经验，最后还会摆出一副自大面孔，仿佛想要显示自己提出的建议多么有用。

虽然我把家长的形象塑造得有些糟糕，但是如果静下心来审视这种做法的话，不难发现，孩子在这种情况下，确实很听进去父母说的话。

这样一来，还不如带上口罩保持沉默比较好。

父母有没有在讲一些本来可以不必说的话呢？

父母应当尽力隐藏自己的建议。

◆ **如何才能打开孩子的心门**

喜多彻人在《你的孩子为什么不学习》一书中写

道："作为父母，特别是母亲，当孩子进入初中之后还是会把他当成9岁的孩子对待。"

9岁的时候，孩子十分纯真可爱，会100%听妈妈的话，因此，母亲会认为孩子会一直听话下去。

即使孩子上了初中，母亲还是像以前一样对待孩子。

虽然可以理解母亲的心情，但是这样未免会引起孩子的不满，甚至会引发母子之间的冲突。

### ◆ 初中阶段是从小孩变成大人的过渡时期

孩子进入初中之后，不能像对待小学生那样替孩子安排好所有事情，也不能像对待大人那样一切交由孩子自己去做决定。

因此，家长需要取一个中间位置，**既要尊重孩子自己的意愿，又要把自己的想法传达给他们。**

那么，究竟应该怎么做呢？

孩子升入初中之后，当他们把定期测验的结果或者成绩单给父母看，父母发表评论的时候，是一个最佳时机。

这里有一个铁定的规则，那就是**"首先表扬"**。

不管怎样，家长首先要抓住一个表扬孩子的点。

孩子这时肯定会紧张不安，"爸爸妈妈看了之后会说什么呢？不会又来训我吧"，所以家长应在这时打开孩子的心扉。

例如，父母说："啊，这个地方把自己的所思所想都写出来了。"这时候可以趁机让孩子摆平心态，认真听家长的话。

### ◆ 与关系要好的同学保持一定距离

最开始，首先好好夸孩子一番，他们愿意听家长讲话之后，家长可以再把自己的想法传达一下。

这时，如果家长还按照小学阶段那样，把自己想说的话一股脑说出来的话，那么之前所做的努力就全部白费了。

孩子也会再次把心门关闭。

他们会想："妈妈又开始了，对对对，她说的都对。"

如果变成这样的情况，那么无论说什么都不可能打开孩子的心门。

家长应该听一听孩子的想法，并且像对待朋友那样给孩子提出建议。


母亲："这次你的数学考的不是太好，具体是哪里丢分了呢？"

孩子："主要是应用题的部分不会，平时在其他科目上花费的时间有点长，没关注到数学应用题。"

母亲："这样啊，为了下次考试出现同样的情况，你觉得怎么做比较好呢？"

孩子："嗯，先把数学题做好吧。"

母亲："这样可能比较好，那么下次就不会出现时间不够的情况了。"

这时候，母亲还没有表达自己的意见。**家长应该在孩子充分表达完自己的想法之后，再像附加说明一样给**

出建议。

母亲："只不过下次开始，你着重复习数学的话，其他科目可能被落下，因此你可以在考前三天做完所有科目的练习题，下次试着早一点完成怎么样？"

孩子："确实如此，我下次还是早点开始复习吧。"

当然，整个过程可能不会进行得这么顺利。

但是，家长需要注意的是**认真听取孩子的自我反省和接下来的对策，然后再温和地提出建议。**

实际上作为父母，还有很多想说的话。但是，请各位一定要忍住。

家长可以根据孩子的接受状况向他们提出建议，但是请家长不要不分青红皂白地说个不停，**始终要与孩子保持一定的距离，就像对待朋友那样给孩子提建议。**

其次，提建议时需要一点一点地讲出来。

而且，我认为孩子升入六年级后，家长就应该开始逐渐尊重孩子自身的意愿，拿出相应的应对措施。

## ◆ 帮助原则7

# 让孩子独立成长

　　虽然前面已经提及了好多遍，但是我要重申一个父母并不乐意承认的事实。

　　当孩子升入初中之后，自我意识觉醒，也会开始脱离父母的管教。

　　在此之前，当孩子遇到困难的时候，都是跟父母一起克服，但是从现在开始，孩子必须学会独自面对。

　　希望家长能够认清这个事实，从小学六年级开始就做好孩子独立的准备。

　　**家长一定要让孩子学会独立成长。**

　　当孩子独立之后，家长具体应该做些什么呢？首先让孩子独立学习，减少对孩子提建议的次数，减少指导孩子学习的次数。

### ◆ 以"让你忍不住买衣服"的店员为参考

当在服装店里买衣服时，在你身上发生过这样的情况吗？

本来是打算买衣服的，但是店员从一开始就在旁边不停地介绍，于是只能草草离开；或者是一个劲儿地叫店员帮忙，但是却迟迟没人过来，导致十分扫兴；再者是店员投来凝重的目光，仿佛在说："快点买！"这让人感到十分为难。

但是，也有的时候本来并没有打算购物，但是在店员的悉心导购之后，却不知不觉结了账。

首先，店员会认真观察客人，如果被客人招呼的话会立马过去，或者是适时向客人搭话，询问客人的需求，然后相应地给出建议。

请家长以这位杰出的店员为参考，以同样的方式对待孩子。

当孩子开始在客厅学习的时候，家长可以从远处看着他，但是不要搭话，只管做自己的事情就好。

当孩子停下手中的笔，过来提问，或者是过来寻求帮助的时候，家长能够立刻帮忙。这样的距离感是最理想的。

假设孩子在做数学大题时停下了手中的笔，这时候是向他搭话的好时机："不会做了？你要不要看一下教材？"

无论如何，家长都要鼓励孩子继续进行下面的学习："你先自己试着思考一下吧。"

即使是孩子做错了，家长也不要开始替孩子解答，更不要说"哪道题不会？让妈妈看看，妈妈的数学学得最好了"。

这种情况最多可以持续到小学五年级，但是六年级之后，家长一定要耐心等待孩子独立解决问题。

如果孩子发来求救信号，诸如"这道大题我真的不会，做不出来的话我也不想做后面的题，妈妈你教我一下吧""我完全记不住省政府的所在地，应该怎么办呢"，这时候家长才应该伸出援手。

"妈妈也不一定会做，我们一起来看看吧，如果还是不明白的话，你再去问问老师。"

家长应该像善于营销的店员一样，在家里以同样的模式对待孩子。

- 一边关注孩子，一边做其他事情
- 有情况的话，适当搭话
- 孩子求助的话，伸出援手

顺便说一句，只有两件事需要家长从头到尾**完全管控**，一是生活节奏，二是控制诱惑。

请家长继续全力以赴地为孩子创造良好的学习环境，而不是帮助他们学习知识。如果家长和孩子能达成一致意见是最好的，但是孩子不听话的时候，家长可以把孩子的手机解约，让孩子知道这样做是不行

的。家长一步也不能让，应当让孩子感受到家长的极

度认真。

# 家长用心提供的学习帮助

## 【 帮助原则 1 】

父母严格遵守生活规律
- ▷ 保证孩子睡眠充足，营养均衡
- ▷ 父母严格控制孩子的入睡时间
- ▷ 一定要让孩子吃早饭

## 【 帮助原则 2 】

设定每日学习时间
- ▷ 为养成习惯，减少发生差错

## 【 帮助原则 3 】

父母限制孩子玩手机就是限制孩子的成绩
- ▷ 最好在初一下学期时给孩子买手机
- ▷ 和孩子做好"话费限制""使用时间限制""过滤网站"的约定
- ▷ 学习时、睡觉时，手机放在客厅充电
- ▷ 用父母的手机上网查资料
- ▷ 对待手机之外的诱惑也应不留余力

## 【帮助原则 4】

创造良好的学习环境

  ▷ 推荐最开始让孩子在客厅学习


## 【帮助原则 5】

应当表扬孩子的努力而非才能

  ▷ 换一种表扬方式，孩子的成绩会大大改变


## 【帮助原则 6】

先表扬，后建议

  ▷ 孩子愿意听话之后，家长再提建议
  ▷ 跟关系要好的朋友保持距离


## 【帮助原则 7】

让孩子独立成长

  ▷ 看着孩子成长，但不要插手

## 写在最后

"你很适合当老师，不是吗？"

这是大三的时候，同一个导师组的师弟跟我说的一句话，当时我们在金山站前的大阪烧"广岛总店"吃饭，也正是因为这句话，我开始进入培训机构当老师。

如同师弟预想的那样，我深深地为培训机构教师这份工作的魅力所折服，渐渐地痴迷其中。

从那以后，我便在培训行业一边试错一边成长，至今已经过去了20多年，而且为了帮助孩子们提高学习成绩，我也摸索出一套自己的学习方法。

我把学习方法传授给学生，他们的成绩提高之后，口口相传，又会吸引许多新的学生前来报道。但是限于机构的学员容量，这次我们不得不设置了招生人数上限。

从那时候开始，我们机构每年的招生人数都能达到满员。

培训机构也被称为"箱子买卖"，接受人数的上限也意味着一个机构在当地能够帮助的学生的上限。

一直以来，因为人数问题不得不拒绝一些学员，这种情况十分复杂，喜忧掺半。

"如果教室足够大的话，可以帮助到更多的孩子，那该有多好呀。"

近年来，我一直有这样的想法，出于机缘巧合，这次刚好获此佳机，可以将我的学习方法传授给日本全国为了指导孩子学习而头疼的父母。

我毫无保留地将自己的全部心得写进了书中。

此外，本书中提及的学习方法，我也已经上传到博客和视频网站。

　　请各位可以观看本机构的博客"樱花个别指导"，关注视频网络的"樱花个别频道"，如果能受到更深的启发，我将备感荣幸。

　　这本书面向日本全国的中小学生所在的家庭，直接与我见面接受面对面指导实属困难，但是通过这本书，如果能让孩子在学习方面变得轻松一点，或者是亲子相处的愉快时间增长一点的话，我将感到无比的喜悦。

　　最后，我十分感谢一直以来支持我的各位朋友，为了本书出版而竭力帮助的朋友，以及将本书读到的最后的每一位读者朋友。

　　谢谢各位。

樱花个别指导学院　院长

国立拓治

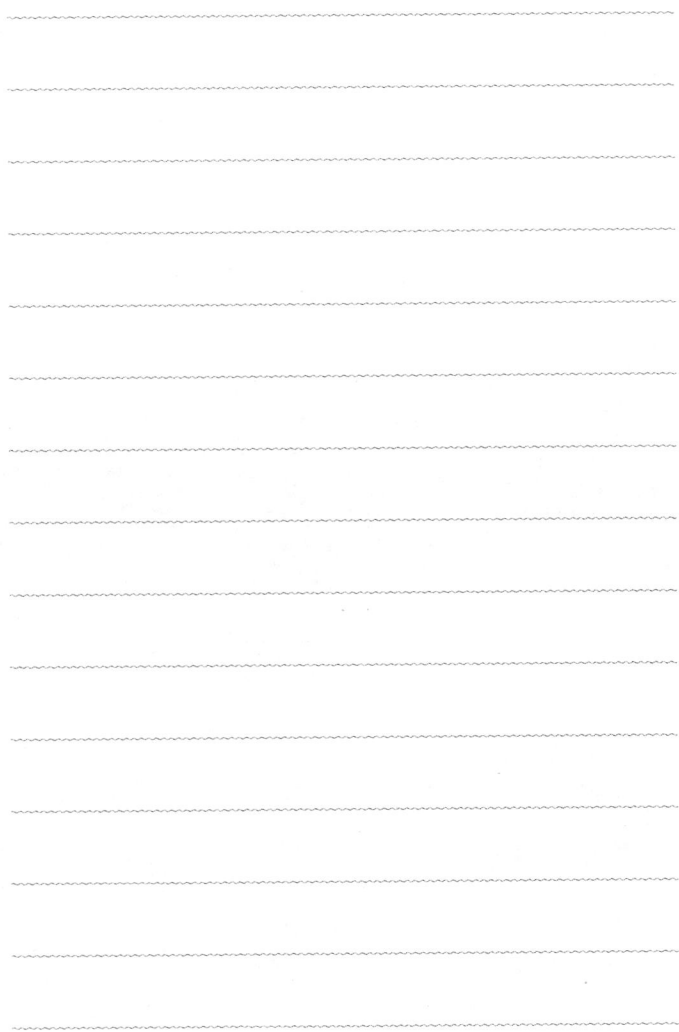